선생님도 모르는 　 선생님 마음

마음 아픈 선생님을 위한 공감 치유 에세이

선생님도
모르는
선생님 마음

이주영 지음

즐거운학교
www.njoyschool.net

CONTENTS

CONTENTS

글을 열며

교사는 학교에서 하루 종일 학생과 만난다. 때로는 웃는 얼굴로 때로는 화나는 얼굴로, 가끔은 다투고 기 싸움을 한다. 그리고 교사들은 대부분 '아이들을 어떻게 하면 좀 더 잘 가르치고, 생활지도를 좀 더 잘 하고, 보다 행복하게 학교를 다니게 할 수 있을까?'에 초점을 맞추고 살아간다. 이 과정에서 교사들은 학생들에게 상처를 받는다. 그 상처는 쉽게 아물기도 하지만 간혹 깊게 패여 오랫동안 선생님을 아프게 한다.

"어떻게 아이들이 이렇게 배신을 할 수 있을까라는 생각에 가슴이 답답해지면서 눈물밖에 나지 않는 거예요. 생각이 있는 아이들이라면 이럴 수 있을까요? 아무리 어리다고는 하지만 어느 정도 생각을 할 수 있는 나이라면 그 정도는 알 수 있을 텐데….
이렇게 대놓고 무시할 수가 있을까요?"

"도대체 그 엄마 왜 그래요? 분명히 자기 아이가 잘못했다고 제
앞에서 분명히 이야기해 놓고 다시 나타나서는 아이를 전학시
킬 수 없다면서 큰 소리를 쳐요. 피해 아이만 감싼다면서 고소
를 하겠대요. 기가 막히지만 뭐라 항의하기도 겁나요. 바로 교
육청에 민원 넣거나 인터넷에 글을 올리니까요! 사람들은 사실
에는 관심도 없잖아요!"

이처럼 많은 교사들은 아이들에게 상처를 받는다. 뿐만 아
니라 학부모들로부터 오해를 받고 이유 없는 분노 표출의 대상이
되기도 한다. 자기 아이에게 무관심하고 교사가 차별을 한다는
부모의 근거 없는 피해의식은 교사들을 위축시킨다. 그렇지만 교
사들은 이러한 상처나 갈등을 해소할 기회가 없다. 하소연할 곳
조차 없다는 말이 맞다.

교사들의 마음고생과 스트레스가 심해지고 있지만 대부분의
사람들은 "방학이 있으니까!", "선생이니까!"라는 당위를 내세우
면서 여전히 교사를 질책하고 있다. 사람들은 웬만하면 힘들다는
말을 하지 않을 사람이 교사라는 것을 알지 못한다. 교사들은 도

저히 참기 힘들고 지쳤을 때가 되어야 하소연을 한다.

"선생님은 아이들에게 큰 영향을 미치니깐 말 한마디도 조심하고 말도 가려서 해야 한다는 말씀들을 흔히 하시죠. 무심코 던진 말 한마디가 평생 아이의 가슴에 남는다고. 선생님도 마찬가지 아닐까요? 미성숙한 존재라는 이유로 얼마나 많은 선생님들이 상처를 참아야 하는지. 정말 화가 납니다. 선생님도 인간 아닙니까?"

"여러 차례 언성이 오가고 도저히 발뺌할 수 없으니까 자기 잘못을 인정하더라구요. 제가 그동안 받은 심리적 스트레스와 정신적인 불안은 누구한테 보상받아요? 교사는 참는 수밖에 없잖아요! 학생이나 학부모를 대상으로 고소를 하겠어요? 제가 할 수 있는 게 없어요. 제 마음을 위로해 주는 곳도 없고요."

이 책은 온갖 스트레스를 학교에서 푸는 학생과 교사를 화풀이 대상으로 생각하는 학부모, 질타하는 사회 분위기로 인해 지친 교사를 위한 것이다. 10년 이상 교사들과 함께 상담 연수를 하였지만 지금처럼 많은 선생님들이 도저히 힘들어서 견딜 수 없다는 하소연을 한 적은 없었다. 경력이 많은 교사들은 진지하게 퇴직을 고민하고 신규 교사들은 학생과 학부모들에 치여 열정을 쏟는 것조차 조심스러워 하고 있다.

그래서 글을 쓰게 되었다. 연수중에 조금만 건드려도 눈물을 쏟는 선생님들을 보면서 상담을 공부한 교사인 필자가 조금이라도 도움이 된다면 위로하고 지지하고 싶었다.

이 책이 교사들의 지친 마음을 조금이라도 풀 수 있는 위로가 되고, 사람들이 교사들의 힘듦과 하소연에 관심을 가지는 계기가 되었으면 좋겠다.

시간이 흘러 학교에서 받은 스트레스를 자연스럽게 풀 수 있는 교사 상담실이 생기기를 바라며, 필자가 진행하는 연수와 상담 과정에서 마음을 열어 준 많은 선생님들께 감사의 마음을 보낸다.

모든 선생님들이 편안하고 행복하시기를….

진정으로 편안하고 행복하시기를….

1

아이들은 분명
나와 다른 별에서 왔다

01

모범생인 교사와 문제투성이 아이들

대부분의 교사들은 학교에서 공부를 잘한 모범생이었으며 임용고시 합격을 위해 대학에서도 철저하게 준비한, 말 그대로 성실한 사람들이다. 차분하고 근면 성실한 엘리트 교사들은 자신의 테두리 안에서 학생을 이해하고 수용한다. 교과서 밖을 벗어나지 못했기 때문에 학생들의 말과 행동을 자신의 경험 안에서 바라볼 수밖에 없기 때문이다.

교사의 이러한 특성은 산만하고 자유로운 요즘 아이들을 만날 때 문제가 된다. **모범생인 교사의 상식으로는 아이들은 산만하고 책임감이 없으며 태도도 바르지 않은, 말 그대로 문제투성이로 보인다.** 근면 성실한 캐릭터인 교사와 틀을 싫어하고 자유분방한 학생과의 만남은 시작부터 삐걱거린다. 여기에 교사가 열정이란 이름으로 자신의 틀을 강하게 고집하면 학생과의 갈등은 종잡을 수 없게 된다. 특히 신규 교사와 아이들의 갈등이 그렇다. 교육관과 학생관이 투철한 반면 학생의 행동이나 심리에 대한 이해심이 부족한 신규 교사들은 자신의 틀 속으로 아이들을 넣으려 하고, 아이들은 들어오지 않으려 한다. 교사들은 이해할 수 없는 아이들에 대해 한탄하고 문제가 많다며 한숨을 쉰다.

"요즘 아이들은 도대체 왜 이래?"

늘 선생님의 말을 잘 들었던 모범생 교사는 학급 아이들이 왜 자기 말을 안 듣는지, 자신이 설명을 하고 있는데 왜 딴짓을 하고 장난을 치는지 알 수 없다. 그저 자신의 경험을 살려 열정만 가지면 아이들이 따라올 것이라는 생각으로 아이들을 고치려고 다그친다.

그러나 착하지 않은 아이들은 따르지 않는 것도 모자라 담임을 씹기도 한다. 뒷담화는 기본이고 때로는 안티 카페를 만들어 치욕적인 욕을 하면서 다른 아이들과 비밀을 공유한다. 상상하기조차 싫은 이 상황을 교사 자신이 모르면 다행이지만 알게 되면 엄청난 충격을 받고 회의감을 느낀다.

"아이들이 도대체 이해가 되지 않는 거예요. 그래서 참 많이도 싸웠어요. 그러던 어느 날 인터넷에 제 안티 카페가 있다는 걸 알고 심한 충격을 받았어요. 울기도 많이 울었죠. 나한테 왜? 내가 얼마나 열심히 했는데, 억울했어요. 그러다가 문득 내가 너무 제 틀에서 아이들을 보는 게 아닌가 하는 생각이 들더라고요. 전 학교에 다니면서 정말 착한 모범생이었거든요. 늘 칭찬 받으면서 그것이 당연하다고 생각했던 것 같아요. 그런데 교사가 되고 나니 그게 장점이 아니었어요."

아이들에게 느껴지는 분노와 박탈감, 배신감은 말로 표현하기 힘들다. 아이들을 생각하고 위하는 자신의 마음을 몰라주는 것도 서운하고 분통 터지지만, 아이들에게 이런 꼴을 당하고 있는 자신에게 화가 나고 무능력을 탓하면서 심하게 위축된다.

아이들이 교사인 우리를 싫어하는 것만큼 치명적인 상처는 없지만, 이 상황에서 감정적으로 대처하면 더 골이 깊어지므로 조금은 여유를 가질 필요가 있다. 이때 자신의 무능력이나 자질 없음, 상식 없는 아이들 등의 관점으로 접근하기보다는 자신과 아이들의 소통 부재와 서로에 대한 이해 부족에서 원인을 찾는 것이 도움이 된다.

인식과 판단에 대한 융의 심리적 기능 이론과 태도 이론을 바탕으로 개발된 MBTI를 살펴보면, 교사와 아이들의 차이를 보다 객관적으로 파악할 수 있다. 대체적으로 교사들은 판단 기능이, 아이들은 인식 기능이 발달되어 있다.

교사들은 분명한 목적과 방향이 있으며 기한을 엄수하고 체계적으로 준비하는 편이다. 계획에 따라 움직이고 규칙적인 생활을 하는 것을 좋아하며 마지막 순간에 쫓기면서 일하는 것을 싫어한다. 맡은 일을 책임감 있게 마무리하고 다른 사람의 지시를 잘 따르며 정돈된 상태를 좋아한다.

다음은 판단형인 교사가 말한 학급운영의 목표이다.

"'아이들이 발달과업의 목표에 도달해야 된다는 목표를 가지고 항상 학생 개개인을 수첩에 적어 체크하고. 이것도 저것도 챙겨야 돼. 교훈적인 이야기도 해주고.' 이렇게 모든 걸 체크하면서 열성을 보였죠. 아이들이 내가 이끌고자 하는 그 계획대로 되면 '잘하고 있구나!' 하지만, 뭔가 안 되는 것 같으면 아이들을 막 다그쳤죠. 선생님이 바라는 건 이게 아니다, 이런 식으로."

그런데 판단형인 교사와 달리 아이들은 인식형이라고 할 수 있다. 목적과 방향은 상황에 따라 변하고 유동적이므로 계획을 세우지 않으며 일이 생기면 그때그때 처리한다. 공부를 미루다가 마지막에

벼락치기를 하고 교과서나 준비물을 잘 챙기지 못하며, 정리정돈에 신경 쓰지 않는다. 지시에 따르기보다 자신의 뜻대로 움직이는 것을 선호하고, 호기심이 많다.

최근 들어 급증하고 있는 ADHD 경향의 아이들 역시 인식 기능이 아주 발달되어 있다. ADHD 아이들은 쉴 새 없이 움직이고 손과 발을 가만히 두지 못하며, 끊임없이 조잘거려서 교사의 정신을 빼 놓는다. 수업 시간에 집중하지 못하고, 자신들이 좋아하는 것에 집중하더라도 아주 잠깐이며, 흥미 없는 활동에는 산만함의 극치를 보여준다. 야단을 쳐도 잠깐 멈추었다가 다시 시작한다. 반면, 교사들의 ADHD 경향은 제로에 가까워 늘 차분하고 진지하다.

문제는 교사와 아이들의 '다름'이 아니라 학교와 교사가 판단형의 근면성실함과 목표의식을 선호하여 아이들을 '바꾸려는' 데 있다. 판단형의 특성을 가진 아이가 정상이고 인식 기능이 발달된 아이들이 문제라고 보는 시각은 우리 사회와 학교의 일반적인 인식이다. 판단형 교사들이 보기에 인식형 아이들은 다른 별에서 온 게 틀림없다. 매사에 성실함을 미덕으로 생각하는 교사는 불성실한 아이들이, 맡은 일에 최선을 다하는 교사는 책임감 없는 아이들이 문제투성이로 보인다. 그래서 사명감을 가지고 아이들의 문제를 고치려고 한다.

"가만히 앉아서 내 말 좀 들어. 수업 시간이잖아! 똑바로 앉아, 넌 왜 잠시도 가만히 못 있어? 왜 그래?"

교사들은 산만한 아이들에게 끊임없이 수업 태도와 과제에 대해 말하고 규칙과 시간 약속을 강요한다. 계획에 따르고 상황에 맞는 행동을 하라며 소리를 지른다. 이렇게 하는 이유는 그 시간에 해야 할 진도를 나가야 된다는 부담감과 그 아이가 아무 것도 하지 않는 것에 대한 안타까움 때문이다.

소용없다는 걸 알면서도 아이들을 다그치는 다른 이유는 학급 아이들에게 피해를 줄 수 있기 때문이다.

"그 아이 혼자면 저도 그냥 참을 수 있어요. 문제는 다른 아이들이 그 아이를 따라한다는 거예요. 공부를 하려는 애들은 그 아이 때문에 노골적으로 짜증을 내요."

충동적이거나 산만한 아이들은 공부하려는 아이들에게 피해를 준다. 그것을 당사자인 아이들이 알면 좋겠지만 반복적으로 말해도 알아듣지 못하니 나머지 아이들을 설득시키는 수밖에 없다. 안타까운 일이지만 다른 아이들은 그 아이와 같은 시공간을 살아가야 하므로 그 아이를 견디는 것은 그 아이들의 몫이다. 우리 모두는 서로서로 도움을 주고받기도 하지만 피해도 주고받는다. 피해를 받는 아이의 부모가 항의를 한다면 그 아이와 함께 살아갈 수밖에 없음을 설득시키고, 학부모의 아이 또한 다른 사람에게 피해를 줄 가능성이 있음을 말해야 한다.

아이들의 산만함과 충동성이 학급운영을 어렵게 하지만 산만함이 고쳐져야 할 문제인지에 대해서는 고민의 여지가 있다. 교사 입장에서는 아이가 말을 안 듣는 것이지만, 아이 입장에서는 산만함을 학교가 수용하지 못하는 것이기 때문이다. 아이들은 자유롭기 때문에 창의적이고 적극적이며, 환경이나 시대의 흐름에 민감하고 주도적으로 움직이려 한다. 그래서 자신의 능력을 발휘할 수 있는 상황이 되면 호기심과 창의성으로 활력을 띤다. 자신의 무한한 상상력과, 정서에 민감하게 반응하는 능력도 있다. 그러나 학교는 아이들에게 형식에 맞춰 제시된 자료들에 집중하는 반복 학습을 하므로 산만한 아이들의 기질에는 맞지 않는 것이다.

산만함은 교실뿐만 아니라 집에서 부모와 부딪치는 주요한 원인이다. 부모는 정리정돈이 되지 않은 책상이나 방, 옷을 아무렇게나 벗어던지는 아이를 이해할 수 없다. 음악을 들으면서 공부를 하는 것이나 말을 들으면서도 몸을 움직이는 것은 참기 힘들다. 도대체 커서 뭐가 되려고 저러는 건지. **요즘 아이들의 산만함을 힘겨워하는 것은 부모와 교사가 똑같다.**

아이들의 높은 에너지와 호기심, 살아있는 감성을 생생하게 표현하기 위해 아이들의 몸은 책상에 앉아있지 말고 운동장이나 놀이터에서 뛰어놀아야 한다. 그러나 안타깝게도 교실에서 아이들 각자가 생생함을 표현하는 것은 암묵적으로 금지되어 있다. 모든 아이들의 생생함을 받아주기 힘들기 때문에 쉬는 시간조차 독서의 장점을 내세워 침묵을 강요한다. 살아있는 에너지를 버리고 조용함을 택한 아이들이 칭찬받는 이유는 교사들에게 익숙하고 편안하기 때문이다.

집에서도 마찬가지다. 아이들은 영어와 악기를 배우느라, 학원에서 선행학습과 복습을 하고 집에서 문제집을 푸느라 신나게 놀 시간이 없다. 그래서 상대적으로 간섭이 적고 친구들이 많은 교실에서 더 날뛰는 것이다.

산만한 아이들이 증가하는 원인에 대한 의견은 분분하지만 현대 사회의 속도를 반영하는 매체의 영향이 큰 것으로 보인다. 아이들은 어릴 때부터 움직임이 빠르고 변화가 많은 산만한 영상 매체에 익숙하다. 인터넷에 등장하는 정보 또한 아주 빠른 속도로 바뀌고, 아이들이 즐겨 듣는 음악 역시 빠른 비트로 몸의 움직임을 요구한다. 이런 상황에서 어떻게 아이들이 차분할 수 있겠는가?

가만히 있지 못하는 아이들 때문에 힘들어하는 선생님을 만났다.

"애들이 부산스러운 게 많이 힘든가 봐요."

"정신을 빼놓기 때문에 수업을 할 수가 없어요."

"제가 보기에도 그래요. 그래서 선생님은 어떻게 하세요?"

"계속 소리 지르고 잡죠. 매일 10분 이상을 잔소리 하니까 진도도 문제지만 제가 미쳐버리겠어요. 그렇다고 잡히지도 않아요."

"이전에는 한두 명만 그랬는데 요즘은 모든 아이들이 날뛰는 것 같아요."

"그러니 죽을 맛이죠. 너무 힘들어요."

아이들과 사회 분위기가 이대로라면 아마 조금 있으면 교사는 3D 업종이 될 것이다. 이미 3D 업종일지도 모른다. 그렇지만 우리 모두 당장 교사를 그만 둘 수 없기 때문에 산만해지고 번잡스러운 것이 아이들의 특성이라면 적응해야 하고, 변하는 요즘 아이들에게 맞춰야 하지 않을까? **아이들을 고쳐서 차분하게 만들 수 없다면, 좌충우돌 아이들과 부딪치면서 답을 찾을 수밖에 없다.** 우리의 삶과 마찬가지로 교실에서 일어나는 많은 일은 수학 문제처럼 정답이 나오지 않으므로 진도를 나가지 못하고 다른 아이들에게 주는 피해 등에 대해서 조금 더 여유를 가지는 것이 어떨까 싶다.

아이들을 고치려는 것보다 제로에 가까운 우리의 ADHD 수치를 높이는 것이 더 낫지 않을까? 교실에서 한두 명의 산만함은 교사가 제지할 수도 있겠지만 많은 아이들이 날뛰면 어떻게 할 수가 없다. 이때는 그 아이들을 가만히 놔둘 필요가 있다. 교사의 학급운영과 아이들에 대한 열정을 없애라는 말이 아니다. 아이들의 특성을 고려하지 않은 채 교사의 가치관을 강조하고, 그것이 아이들을 옭죄는 틀이 될 때 갈등이 생겨 교사 또한 힘들어진다.

아이들을 이해한다고 해도 매일 반복되는 산만한 아이들과의 충돌은 교사를 지치게 하고 미치게 한다. 그 아이들로 인해 미치겠거든 다른 곳에 가서 스트레스를 풀고, 아이들과 조금은 멀

어져 보는 것은 어떨까? 아이들은 상황에 따라 변하는 것이 자연스러운 반면 규칙과 계획에 따라 움직이는 것은 어렵다. '집과 학원에서 얼마나 많은 스트레스를 받고 놀고 싶었으면 교실에서 저렇게 미칠까?'라고 생각해 보시길.

산만한 아이의 행동을 교정하지 못하는 것은 교사의 문제가 아니다. 그건 교사의 영역 밖이다. 그러니 자신은 계획대로 되지 않거나 행동 변화가 심한 아이들을 견디기 힘들어하는 사람임을 아이들에게 알리면 마음이 조금은 편안해진다. 조금 더 여유가 있다면 "가만히 좀 있어라"는 자신과 "답답해서 미치겠다"는 아이들 사이의 끊임없는 신경전을 즐겨보시길.

아이들이 스스로 자신의 삶을 살도록 시간을 주어야 합니다. 우리의 생각대로 아이의 행동을 조형하려 든다면 목표만 중요해집니다. 아이들이 가고자 하는 길을 허락하는 것은 내 욕심, 내 기대를 포기하는 것에서부터 시작됩니다. 교사인 우리는 아이들을 이끄는 사람이 아니라 따라가거나 함께 가는 사람입니다.

02

분노를 억압하는 교사와 표출하는 아이들

교사들은 흔히 교사니까 화를 참아야 하고 그것이 학생이나 학부모, 동료 교사를 배려하거나 상처를 주지 않는 것이라고 생각한다. 화를 냄으로써 자기 관리가 안 되거나 감정 컨트롤을 하지 못한다는 평가를 듣는 것보다는 착하다는 말을 듣는 것이 더 마음 편하기 때문이다. 그러나 화를 참으면 다른 사람들에게는 순하고 착하다는 말은 듣지만 심할 경우 심리 문제로 이어지기도 한다.

"문제가 보였을 때 애들을 쥐어박고 싶잖아요! 그래도 교사니까 아이들을 감정적으로 대하면 안 되잖아요. 교실에서는 화가 치밀어 오르는 걸 많이 누르죠. 엉뚱한 곳에서 화를 푸는 것 같기도 해요. 집에 가서 아이한테 신경질을 낼 때가 많거든요."

화는 영원히 잠재되어 있는 것이 아니라 자신의 수용한계를 넘으면 어떤 형태로든 폭발되어 나온다. 선생님이 아이들에게 폭력적인 언행을 하거나 화를 자주 낸다면 억압된 것이 분출되는 것은 아닌지 의심해 봐야 한다. 자신이 습관적으로 화를 억압한다면 왜 그렇게 하는지, 억압으로 인해 자신이 얻는 것과 잃는 것은 무엇인지 스스로에게 물어볼 필요가 있다.

싫으면서도 싫은 티를 안 내고 좋은 것처럼 행동하고, 사람들에게 상처 안 주고 맞춰주는 게 잘사는 거라는 생각을 하는 선생님이 있었다. 그 선생님을 보고 모두가 "참 사람 좋다!"라는 말을 했고, 그 말 덕분에 선생님 역시 자신은 사람 좋은 사람이고 화가 없는 사람이라고 생각했다. 그런데 어느 날 몸이 안 좋아서 병원에 갔더니 갑상선암이 의심스럽다는 말을 들었다. '아무런 스트레스도 받지 않는데 내가 왜?'라는 질문을 하는 순간, 자신이 괜찮지 않았음을, 늘 타인에게 맞춰 사느라 가장 중요한 자신을 챙기지 않았음을 알게 되었다.

우리는 가끔 충격이 와야 자신의 고통에 관심을 기울인다. 선생님이 지금 힘이 없거나 뭔가를 하고 싶은 마음이 생기지 않는다면 화를 억압하고 있지는 않은지 내면을 살피는 것이 좋다.

너무 늦게 마음의 소리를 듣고 후회하지 않으시길.

화를 표현하는 다른 방법에는 분노를 유발시킨 상대방에게 신체적, 언어적으로 분노를 드러내는 **표출**이 있다. 표출에는 아이들을 비난하거나 감정을 실어서 말하거나 책상을 치거나 문을 꽝 닫는 등의 화난 행동이 포함된다.

"아이들이 제 말에 100% 따라주지 않을 때 순간 화가 치밀어 오르고 저도 모르게 소리를 질러요. 화를 폭발적으로 낼 때도 있어요. 내고 나서는 후회하죠. 조금만 참을 걸…. 학기 중에는 이런 생활의 연속이에요…. 휴우…."

"어떨 때는 화를 내고 나서 '내가 애들한테 뭐하고 있나!' 하는 회의가 들어요. '정말 싫다, 지겹다' 하는 생각도 들죠. 이런 생활이 반복되면 학교가 지겨워지고 그만두고 싶은 마음이 들어요. 짜증도 나고…. 기가 막힌 것은 나 혼자 화내고 반성하고 부글부글 하고 있지, 아이들은 아무렇지도 않게 다음에 똑같은 말과 행동을 한다는 거예요. 할 말을 잃게 되요. 다르게 생각하면 아이들이 까먹으니까 관계가 지속되는 것 같기도 하구요. 쉬운

게 없네요…."

화를 낼 때 상대방은 상처를 받고, 가끔은 억울하거나 기가 막히겠지만 억압하여 쌓아두는 것보다는 낫다. 그러니 아이들에게 화를 냈다고 너무 미안해하거나 후회하지 마시길. **화를 낸 후에 그것을 후회하고 자책하는 것은 자신을 더 힘들게 만든다.**

아이들에게 화를 낸 이유가 단순히 아이들의 행동 때문에 속상해서일수도 있지만 자신의 미해결 과제 때문일 수도 있다. 자신의 성격이나 심리적 상처와 미해결 과제 등을 연계하여 화가 난 이유를 깊이 성찰하여 이유를 찾았다면 상처받은 자신을 보듬고 상처를 준 사람에게 화를 내 보시길. 상대방이 주위에 없다면 글을 쓰고 인형이라도 때리면서 감정을 풀면 화내는 횟수와 강도는 점점 줄어들 것이다.

아이들에게 화를 내는 횟수가 잦아지면서 상담을 받은 선생님의 다음 글은 많은 생각을 하게 만든다.

"집안 문제로 스트레스가 쌓이면 아이들에게 더 화를 내는 거예요. 집에서도 힘든데 학교에 와서도 화를 자주 내니까 견디기가 힘들었어요. 이래서는 안 되겠다 싶어서 상담을 받으러 갔어요. 처음엔 많이 망설였었는데 너무 힘들어서 견딜 수 없으니까

가게 되더라고요. 다섯 번째 상담을 받을 땐가 남편뿐만 아니라 시댁 식구들한테 너무 화가 나는 거예요. 울면서 소리를 지르고 욕을 했는데 제가 그렇게 쌓인 게 많았다는 것이 놀라웠어요. 그래도 다 쏟아내고 나니 속은 홀가분해졌어요. 그렇게 마음을 좀 풀고 나니까 견딜 수 있는 힘이 생기더라고요"

아이들에게 직접 화를 내지 않고 아이들이 좋아하는 것을 못하게 하거나 싫어하는 것을 하게 만드는 방법으로 복수를 하는 선생님들도 있다. 자신을 특별하게 화나게 만드는 아이에게서 그 아이가 좋아하는 것을 박탈하면서 속으로 기분 좋아하기도 한다. 그것이 자신의 기분을 풀어지게 한다면, 그런 쪼잔하고 소심한 복수를 한심스러워하지 마시길.

다음으로 화를 억누르지 않고 상황을 수용하거나 냉정함을 유지하면서 분노를 관리하는 방법이 있다. 우리는 화가 난 상태를 자각하고 자신의 분노를 조절하거나 적절한 방식으로 표현함으로써 분노를 해소할 수 있다. 화를 잘 관리하는 사람은 흥분하지 않고 자신이 왜 화가 났는지 말하거나 자신의 상태를 차분하게 표현한다.

"명상을 하고 나서 화를 내는 순간에 알아차리는 거 같아요. 그러면 좀 지연이 돼요. 화를 폭발적으로 냈었는데 요즘엔 내더라도 좀 지연시키면서, 서서히 화가 올라오는 게 알아차려져요. 화를 내는 순간에 '화가 남'이라고 알게 되니까 화가 저절로 조금씩 수그러드는 걸 느껴요. 이렇게 되니까 아이들과 있는 게 많이 편안해요."

화는 부정적인 감정으로 분류되어 그것을 드러내는 것에 대해 좋지 않은 시선을 받는다. 이 때문에 많은 사람들은 화를 억압하거나 쌓아두어 적절하지 않는 순간에 터져 나오게 만든다. 그러나 화는 일상생활에서 불가피한 사건이 있을 때 자신을 보호하기 위해 사용하는 감정이다. 화를 내지 않으면 미쳐버릴지도 모른다. 이런 점에서 **문제를 숨겨두는 아이보다 화를 내거나 공격을 하는 아이들이 더 건강하다고 볼 수 있다.** 교사는 난감하고 기가 막혀서 어이가 없겠지만.

선생님이 교실에서 화가 났을 때 그 순간 자신이 화가 났음을 알리면 아이들은 준비를 하거나 문제를 멈추게 된다. 그 상황이 여의치 않으면 화를 내고 난 뒤 제정신으로 돌아왔을 때 화를 낸 것에 대해 사과하고 아이들과 이야기를 나누는 것이 좋다. 교사의 감정적인 화 폭발은 자신뿐만 아니라 아이들에게 부정적인 영향을 미치므로 조금씩 알아차리는 능력을 키워서 다스려야 한다. 노력한다고 해도 하루아침에 화가 사라지거나 모든 상황에서 화를 현명하게 다스릴 수는 없겠지만 아이들에게 내는 불필요한 화는 조금씩 줄어들 것이다.

"애들이 날 공격할 때도 있어요. 이전에는 참을 수 없어서 끝까지 싸웠었는데 요즘엔 그 공격이 조금은 이해가 돼요. '너가 나한테 화가 났구나! 왜 화가 났는지 이야기 해 줄래?' 이렇게 하죠. 이러면 오히려 그게 해결이 되더라구요. 아니면 걔와 나의 싸움이 되잖아요. 제가 견디기 힘들더라구요."

아이들은 이전에 비해 체벌에 대한 면역력이 약하고 분노를 자제하거나 통제하는 힘이 약해졌다. 과거엔 맞으면서 자랐지만 그때는 사회 전체가 처벌에 대한 면역력이 강했기 때문에 대수롭지 않게 넘어갔다. 이런 과거 경험 때문에 많은 부모들은 당신의 어릴 때를 떠올리면서 말을 듣지 않으면 때려야 하고, 때리지 않으면 키울 수 없다고 생각한다. 그래서 학교에서 체벌이 없어지는 추세와는 반대로 요즘 가정에서는 여전히 많은 아이들이 시험성적이 나쁘거나 정리정돈을 못한다는 이유로 맞는다.

매를 맞으면서 아이들은 때리는 사람에 대해 분노하면서 복수를 꿈꾸고 억울함으로 인해 피해의식을 가지게 된다. 심한 경우 아이들의 분노는 심리적인 좌절이나 정신병리적인 문제로 이어진다.

　　아이들은 자신이 억압한 분노를 감당하기 힘들어지면 학교에서 폭력적으로 표출하기도 한다. 학교나 교실에서 감정을 갑자기 폭발할 때 그 아이는 이미 제정신이 아니다. 이때 아이가 내는 화를 감정적으로 되받거나 윽박지르고, 성급하게 아이를 제지하거나 힘으로 누르는 것은 화를 더 자극할 수 있다. 일단 다른 아이들을 그 곳에서 나가게 하고 그 아이를 주시하면서 "화가 났구나. 괜찮아. 화를 내도 괜찮은데 그 의자는 던지지 말자. 칼은 잘못하면 네가 다칠 수도 있어. 선생님 좀 봐봐. 뭣 때문에 그러는지 말을 해봐" 등의 말을 하면서 아이가 화에서 벗어나 제정신으로 돌아오도록 천천히 달래야 한다. 동시에 교사는 어떻게 이 상황이 발생한 건지 빨리 파악해야 한다.
　　위급한 상황이 끝나면 아이에게 왜 화가 났는지, 누구 때문인지 구체적으로 묻되, 야단을 치거나 비난하지 않아야 한다. 화난 이유를 물었을 때 아이들은 억울하거나 무시 받았다고 하는데 그것이 그 아이의 오해라고 할지라도 아이 편을 들어주는 게 낫다. 아이의 마음이 풀리고 나면 교사와 다른 아이들이 받은 충격과 느낌에 대해 이야기해 주자.

아이가 자신이 저지른 일에 대해서 기억이 안 난다고 할지라도 인정해 주어야 한다. 많은 아이들은 감정을 폭발시키고 나면 그 장면을 필름이 끊긴 것처럼 기억하지 못하는 경우가 있다. 무슨 일이 있었는지는 알지만 자신이 정확하게 어떤 일을 저질렀는지 생각이 잘 안 난다고 한다. 그럴 때는 거짓말 하는 것이 아니니 다그치지 마시길.

감정을 폭발할 당시 상황에 대한 이야기가 끝나면, 다음으로 화가 날 때는 어떻게 마음을 표현하면 좋은지, 친구에게 하고 싶은 말을 하는 방법에 대해 가르쳐야 한다. 감정을 폭발하는 아이들은 자신의 마음을 표현하는 법을 잘 모른다. 그래서 화가 날 때 자신의 마음을 표현하는 훈련을 지속적으로 시켜야 한다. 덧붙여 지난번에 감정을 폭발했을 때보다 강도가 약해졌거나 긍정적으로 변한 모습을 보이면 그 부분에 대해 칭찬하고 격려하는 것이 좋다. 화를 참았다고 말하거나 참는 모습을 발견하면 무조건 긍정적인 강화를 주는 것이 좋다. 교사가 반복적으로 아이의 감정 폭발을 다독이면 아이는 아주 조금이라도 자신의 화를 다스릴 수 있다.

감정 폭발로 다른 아이들에게 피해가 가거나 두려움 때문에 학부모 민원을 받는 경우가 있다. 그분들의 마음을 이해하고 받아주면서 한편으로는 문제가 있는 아이지만 우리 반 아이라는 것을 말해 주어야 한다. 교사들 중에도 이 아이만 없으면 학급이 조용하고 괜찮을 거라는 생각을 하는 사람이 있다. 그것이 사실일지라도 내가 아니면 다른 교사가 나보다 더한 고통을 당할 것이다. 누군가 풀어야 할 숙제라면 익숙한 내가 낫지 않겠는가!

교사와 친구들이 감당하기 버거울 정도로 화를 폭발하거나 공격적인 행동을 하면, 그 아이가 가정폭력을 당하고 있는지를 의심해야 한다. 가정에서 폭력을 지속적으로 당한 아이는 억울함과 분노가 누적되어 학교에서 폭발되는 경우가 많다. 과거에는 열악한 환경의 알콜중독 아버지가 가정폭력 원인의 대부분이었다면 최근에는 엘리트 지식인 부모의 폭력이 많아지고 있다.

가정폭력을 당하는 아이와 상담할 때, 섣불리 가정폭력을 행사하는 부모를 비난하거나 행동 교정을 요구하면 안 된다. 교사의 충고를 비난으로 받아들인 부모가 아이에게 또 다른 폭력을 휘두를 수 있기 때문이다.

교실에서 분노를 폭발하고 친구를 공격한 아이를 만난 어떤 선생님의 체험담을 소개한다.

"20년 경력에 그렇게 공격적이고 분노를 폭발하는 아이를 만난 적이 없었어요. 처음에는 아이를 윽박지르고 배려심을 가르친다고 잔소리를 했는데 그런 날은 어김없이 다른 아이들을 주먹으로 때리고 발로 차는 거예요. 이만한 경력에 이 아이 하나를 잡지 못해서 학교 전체를 시끄럽게 하는 것 같아 부끄러워서 심각하게 퇴직을 고민했어요.

그러던 어느 날 수업 시간에 갑자기 우유곽이 날아왔고 더 이상 참을 수 없어서 구구절절이 아이의 만행을 적어 집으로 보냈죠. 거기까지는 좋았는데 뒷날 아이의 몸을 보고 미안하고 안쓰러워서 많이 울었어요. 그 글을 읽은 아버지가 아이를 안 죽을 만큼 때려 온 몸에 시퍼렇게 멍이 들어 있는 거예요. 그 순간 '이 자식을 죽여버려야겠다'는 생각이 들더라고요. 내가 이럴진대 그 아이는 어땠을까? 한두 번도 아니고. 아이가 살아있다는 게 기적이라는 생각이 들 정도였어요.

그때부터 나의 맞장 상대는 아이의 아빠가 되었죠. 끊임없이 전화하고 찾아가서 설득하고 붙잡고 매달리고 안 해본 게 없어요. 다행스럽게도 자신의 상황을 이해 받은 아이가 조금씩 변하니까 치료에 참여를 하더라고요. 지금 생각해도 참 힘든 해였어요. 한편으로 정말 애썼다 하는 마음도 들어요."

도저히 어떻게 할 수 없는 공격적인 아이를 만나면 경력이 많은 선생님은 위 선생님처럼 부끄러움을 느끼고, 경력이 적은 선생님은 어떻게 해야 할지 몰라 발만 동동 구른다. 온갖 방법을 다 써도 해결되지 않을 때 이 선생님처럼 아이의 현실을 알게 되면 마음을 다잡게 된다. 이래서 우리는 천상 교사인가 보다.

아이들에게는 부모에 대한 적대감과 분노가 있다. 아이가 느끼는 부모에 대한 부정적인 감정을 공감하고 맞장구 쳐주면 아이들의 많은 문제는 해결된다. 부모가 너를 위해 얼마나 고생을 하고 있는지 교사가 부모의 입장이 되어 설득시키는 것은 상황을 더 악화시킨다. 그 아이는 선생님의 자녀가 아니다. 부모인 자신의 억울함을 학급 아이에게 투사하지 마시길.

다시 돌아와서 글을 이어가자면, 부모에 대한 분노가 풀리고 난 아이는 자기 입으로 부모의 좋은 점을 말하게 된다. 이때 부모에게 좋은 점과 나쁜 점이 모두 있음을 알려주는 것이 좋다. 엄마는 아이 입장에서 보면 맛있는 것을 사주는 좋은 엄마이면서 동시에 야단치고 때리는 나쁜 모습을 갖고 있다. 아이가 엄마에게 고마움과 사랑을 느끼면서도 화를 내는 것은 당연한 일이다. "부모님이 널 얼마나 사랑하는지 알지?"라는 사족을 붙이지 마시길. 그건 아이가 느끼는 것이다. 안타깝게도 이 땅의 많은 부모는 아이를 사랑하지만 또 다른 많은 부모는 아이를 사랑하지 않는다.

그리고 많은 교사들은 학부모로서 자녀와 나쁜 관계를 형성하기도 한다. 아이를 '내 말을 들어야 하는 교실 속 학생'이라고 착각할 때 특히 그렇다. 아이의 입장에서 사사건건 직업병을 발휘하는 부모가 뭐 그리 좋겠는가! 학교에서도 잔소리, 집에서도 잔소리. 분명 그 아이는 정말 싫고 힘들 거다.

감정 폭발을 하는 아이가 학급에 있으면 교사 또한 아이의 날카로운 공격에서 자유로울 수 없다. 교사를 믿지 못하기 때문에 교사의 호의와 관심도 잘 받아들이지 않는다. **이것은 교사가 들인 정성과 노력만큼 아이가 변하지 않을 수 있다는 말이다. 그로 인해 상처와 좌절감을 느끼더라도 자신을 너무 탓하지 마시길.** 그 아이의 상처가 그만큼 크다는 의미이기 때문이다. 조금은 거리를 두고 아이의 공격성을 바라보고 나를 공격하는 것이 아니라 그 아이의 분노가 향하는 대상이 단지 교사인 내가 된 것뿐이다. 도저히 이해할 수 없고 용서가 되지 않으면 그 아이가 어떻게 사는지 가정 방문을 해 보시길.

아이들이 스스로 자신의
삶을 살도록
시간을 줘야 합니다. 우리의 생각대로
아이의 행동을 조형하려 든다면 목표만
중요해집니다. 아이들이 가고자 하는
길을 허락하는 것은 내 욕심, 내 기대를
포기하는 것에서부터 시작됩니다.
교사인 우리는 아이들을 이끄는
사람이 아니라 따라가거나 함께 가는
사람입니다.

03

성과 욕설에 보수적인 교사와 개방적인 아이들

아이들이 성을 바라보는 시각은 교사와 큰 차이를 보인다. 동성끼리 중고등학교를 다니면서 이성을 멀리 느꼈던 교사와 달리 요즘 아이들은 남녀 공학에 다니면서 자연스럽게 이성과 접촉할 기회를 갖는다. 심정적으로 혹은 시대가 변했으니까 아이들의 성과 이성 관계를 이해한다고는 하지만 온전히 받아들이기 힘들다는 하소연을 하는 교사가 많다. 학생은 공부를 위해 이성 친구를 멀리하고, 신체 접촉은 있어서는 안 된다는 뿌리 깊은 교육과 과거 시대의 성관념이 무의식적으로 떠오르기 때문이다.

"학교에서 손잡고 다니는 아이들을 보면 꼴 보기 싫어요. 학교에 연애하러 오는 것 같아요. 수업 태도도 안 좋고 공부는 하지 않으면서 연애는 어찌나 잘하는지."

이성 친구를 사귀는 것에 대한 교사의 마음을 적나라하게 표현한 이 글을 읽으면 아이들은 "웃기고 있네. 그럼 학교에서 사귀지 어디서 사겨? 누가 꼰대 아니랄까봐"라고 말할 것이다. 좋아하는 이성 친구에게 마음을 표현하여 사귀거나 거절당하는 일은 자연스러운 일이고, 오래 사귄 것이 100일이라는 것도 요즘 아이들의 연애관이다. 사귄 일수에 상관없이 신체나 성적인 접촉을 할 수 있다는 것 또한 아이들의 생각이다. 초등학생 또한 신체나 성접촉에 대한 개방적인 분위기와 흐름을 따라간다.

성 관련 행위를 사랑하는 어른의 남녀관계나 부부관계에 국한지어 생각하는 교사에게는 요즘 아이들의 성의식은 지나치게 문란하게 비칠 것이다. 물론 그런 면이 없는 건 아니다. 그래서 교사들은 아이들의 성의식을 고쳐주려고 끊임없이 잔소리를 하게 된다. 그런데 이 때문에 아이들은 개방적이고 자유로운 성의식을 이해하지 못하는 교사에게 성 관련 고민이나 문제를 말하지 않게 된다. 어차피 말해봤자 돌아오는 것은 "그러면 안 된다. 공부에 방해 된다" 등의 설교이므로 입을 닫아버린다. 그러나 아이들의 성에 대한 생각과 의식을 이해하지 못한 결과는 임신이라는 큰 일이 터졌을 때에야 교사에게 알려지는 최악의 상황을 만든다.

"솔직히 성에 관련된 이야기는 어떻게 해야 할지를 모르겠어요. 그래서 모른 척 할 때도 많아요. 어느 정도까지 이야기를 해야 하는지, 어떤 생각을 가져야 하는지, 아이들 생각이 저랑 너무 달라서 말하기도 무서워요. 아이들의 생각을 모두 용납하자니 너무 심하고 위험하다는 생각이 들어서 고민이죠."

개인의 성 관련 경험과 교육을 통해 다르게 형성된 교사의 성에 대한 인식이나 가치관은 좋고 나쁜 것으로 평가할 사안이 아니며 개인의 선택으로 존중받아야 한다. 문제는 교사의 성가치관이 자유분방한 요즘 아이들의 성의식과 부딪치는 데 있다. 이런 점에서 교사들은 자신의 성적 가치관과 태도를 점검할 필요가 있다. **요즘 아이들과 성에 관한 이야기를 하거나 상담을 하려면 교사 자신의 성에 대한 바운더리boundary를 넓혀야 한다.** 그래서 자신의 성가치관을 점검하고 요즘 아이들을 이해하는 데 도움이 되길 바라는 마음으로 요즘 아이들의 성에 관한 이야기를 할까 한다.

교사 세대와 달리 요즘 아이들이 이성 친구를 사귀는 연령은 초등학교 때부터이다. 초등학생들은 장난 수준이거나 친구보다 조금 더 가까운 관계의 아이가 이성 친구인 경우가 많다. 고학년이 되면서 신체 접촉에 대한 호기심으로 집단 문제를 일으키기도 하지만 아직은 성에 관련된 문제는 심각하지 않다. 대부분의 중고등학생들은 이성 친구를 사귀며 스킨십과 성행위를 하는데 이를 용납할 수 없는 부모와 교사는 사사건건 트집을 잡거나 아이의 행동을 통제하려 한다.

"이성 친구와 관련된 이야기를 어떻게 해요! 한 번도 해 본적이 없어요. 어차피 말해봤자 이해 못해 줄 거고 불건전하다고 생각할 거잖아요. 아예 말 안하는 게 낫죠."

위 아이의 말처럼 교사나 부모에게 이성 친구에 대해서 특히 신체 접촉에 관한 이야기는 하지 않는다. 말을 하지 않으니까 교사들도 짐작은 하지만 정확하게 아이들의 현실을 모른다. 안다고 해도 성에 보수적이고 걱정이 많은 교사와 부모가 할 말은 한정되어 있으며 딱히 대안이 있는 것도 아니다.

성 관련 민원 중 자주 등장하는 사안은 여자아이 부모의 전화다. 대부분의 여자아이 부모들은 "내 아이가 원하지 않았는데 남자아이가 성폭력을 저질렀다"는 말을 하면서 분통을 터뜨린다. 많은 경우 이러한 일들은 두 아이의 합의 하에 성관계가 이루어졌다는 결론으로 끝을 맺는다. 이런 경우는 두 아이가 사귄다는 것을 몰랐거나 일을 들킨 여자아이가 부모에게 거짓말을 하기 때문에 발생하는 일이다.

요즘 아이들은 성 관련 행위를 놀이라고 인식하는 경향이 강하다. 이 것은 선정적인 것을 선호하고 자극하는 방송 매체의 부정적인 영향으로 더 부추겨진다. 유치원생을 세워놓고 남자 친구, 여자 친구의 존재에 대해 묻고 아이들에게 어른들이 추는 섹시한 춤을 추게 하면서 환호성을 지른다. 이때 아이들은 성적인 대상, 그 이상도 그 이하도 아니다. 이런 상황을 자주 접하게 되면 아이들은 성적인 행동을 놀이라고 착각할 수밖에 없다. 어렸을 때부터 선정적인 매체를 접하지 않았던 교사는 이해할 수 없는 현상이다.

또 다른 문제는 아이들이 자신의 몸을 소중히 여기지 않는다는 점이다. 많은 매체에서 청소년을 성적 대상으로 다룸으로써 그들보다 못한 자신의 몸을 소중히 여기지 않게 된다. 긴 다리와 섹시한 춤으로 대표되는 걸그룹 가수들 중에는 고등학생도 있고 그보다 훨씬 이전부터 연습생 생활을 하기도 한다. 많은 아이들이 섹시한 춤을 추는 가수를 선망하고 꿈꾼다. 자신도 모르게 성적 대상이 되기를 갈망하지만 현실에서 자신의 몸은 섹시하지도 날씬하지도 않기 때문에 반복적으로 다이어트를 하고 열등감을 가지게 된다.

여중생과 여고생의 식사장애 비율이 높은 원인도 이와 무관하지 않다. 아이들은 공부 스트레스로 정신이 병들고 섹시한 몸을 이상시하는 매체로 인해 몸 또한 병들고 있다. 외모와 식스팩을 강조하는 분위기에서 남학생들 또한 몸에 대해 자유롭지 못하다. 끊임없이 몸을 가꾸기 위해 이곳저곳을 기웃거린다.

더 큰 문제는 자신의 몸을 소중히 여기지 않을 때 성적인 피해와 가해에 둔감해진다는 데 있다. 남학생들에게 당한 여학생이 피해인 줄도 모르거나 타인에게 성적인 폭력을 행사한 남학생도 대수롭지 않게 여긴다. 죄책감이 없거나 자신의 잘못에 대해 심각하게 생각하지 않는 경향은 비단 성과 관련된 문제만은 아니다. 심각한 성문제와 관련된 가해자 아이들 역시 자신으로 인해 다른 아이들이 고통 받고 상처받는다는 사실을 모르고, 안다고 해도 개의치 않는다. 아이들에게 자신의 몸을 온전히 존중하는 교육을 시킬 필요가 있으나 현실적으로는 어려움이 많다. 보다 심각한 것은 이런 아이들이 점점 더 많아지고, 성폭력 관련 가해자와 피해자의 연령이 낮아지고 집단화되는 데 있다.

성 관련 문제가 발생했을 때에는 우선 피해자의 심리치료와 적응에 초점을 맞춰야 한다. 성폭행이나 희롱을 자주 당하는 아이라면 그 아이가 가진 심리적 역기능에 대한 분석이 병행되어야 한다. '자신은 당해도 된다'는 생각을 가지고 있거나 장난삼아 일어나는 성희롱을 자신이 관심을 받고 있다고 착각을 할 수도 있다. 사안 자체에 대한 점검뿐만 아니라 피해 아이의 심리에 대한 전문적인 치료가 필요하다.

가해 아이들 중에는 '야동을 흉내 낸다'는 생각이나 '상대방도 좋아한다'라는 착각으로 자신의 잘못을 자각하지 못하는 아이들이 많다. 피해 학생이 느낄 고통이나 상처를 접할 기회를 주면서 자신이 한 행동에 대한 최소한의 미안함이라도 가지도록 해야 한다. 그렇게 될 때 죄책감 없는 상태로 또 다른 피해자를 만들지 않게 된다. 안타깝지만 아직 가해자를 위한 상담 및 교육은 미흡하다.

요즘 아이들의 몸은 빠르게 성장하고 성적으로 발달한다. 초경을 3학년에 시작하는 아이들이 있고 2차 성징도 5학년 무렵부터 시작되어 여성으로서의 몸이 형성되기 시작한다. 남학생들도 마찬가지다. 몸이 커지면서 아이들은 스스로 어른이 됐다는 착각에 빠져 어른이 하는 말과 행동을 모방한다. 그러나 아직 정신은 성숙하지 못하여 자신의 행동에 대한 책임, 일어날 수 있는 정신적 고통이나 피해 등에는 대처할 능력이 부족하다. 이러한 불균형을 아이들은 혼란스러워 하고, 교사 역시 어떻게 대처할지 몰라 막막해 한다. 신체의 발달에 따른 혼란을 보듬고 이에 맞춰 정신을 어떻게 성숙시킬지에 대한 고민이 필요하다.

과거에는 중학생 무렵에 봤던 음란물을 초등학생 때부터 접하기 시작한다. 교사 세대에서는 중학생이 되어서야 교실에서 예쁜 선생님을 보고 자위를 했었는데 지금은 5~6학년 아이들이 하고 있다. 이것은 특히 준비되지 않은 초등교사를 아주 난감하게 만든다. 어떻게 해야 할지 몰라서, 혹은 자신과 너무 다른 아이들의 성의식을 감당할 자신이 없어서 피하기도 한다. 아이들과 성 관련 이야기를 하는 것은 부모나 교사 모두에게 고역이다. 아이들이 인터넷에 접속하여 음란물을 쉽게 접할 수 있는 상황에서 어떻게 아이들을 성적으로 보호할 수 있을 지 고민이 필요하다. 나쁘고 어리니까 보지 말라며 금지시키는 일에만 몰두하기보다**는 언제 누구와 보게 되는지, 보는 이유가 무엇인지, 그로 인해 아이는 어떤 갈등을 겪는지에 관심을 가져야 한다.**

도서관에서 자위를 하다 들킨 6학년 남자 아이의 담임선생님 하소연을 들었다.

"우리 반 아이가 점심시간에 도서실에서 그러다가 잡혀왔어요. 어떻게 해야 할지 모르겠어요. 수업 시간에도 손으로 만지는 것 같아서 볼 때마다 책상에 손을 올리라고 해요."

"난처하겠어요. 막막하기도 하고 수업 시간에 선생님을 보고 자위를 하는 것 같으면 기분도 나쁘고요."

"징그럽고 사실은 무서워요. 아이가 날 여자로 생각하는 듯한 횅한 표정을 지으면 소름이 돋아요. 정말 싫어요."

"정말 싫겠어요! 어떻게 대해야 할지도 난감하겠고요. 근데 조금 이상한 건 대부분의 아이들은 들키지 않는 곳에서 자위를 하는데 도서관에서 한다는 건 좀 의아해요. 혹시 아이가 행복할 시간이 그것 말고는 없나요?"

사실이 그랬다. 돌봐주는 엄마가 없었던 아이는 바쁜 할머니와 일용직 아버지에게 보호받지 못하고 늘 혼자 지냈다. 공부에도 관심이 없기 때문에 학교에서도 재미있는 일이 없었다. 자위를 통해 아이는 그나마 행복했고 무료함을 달랠 수 있었던 것이다. 교사인 우리는 아이에게 해 줄 수 있는 일이 없을 때 좌절하고 분노한다. 갈수록 교사가 손쓸 수 있는 일이 적어지고 있음이 안타깝고 속상하다.

성 관련 문제가 발생하면 모든 매체가 한 목소리로 학교의 성교육과 교사를 비난한다. 학교에 책임을 뒤집어씌우면서 책임을 회피할 수는 있겠지만, 근본적인 문제는 해결되지 않는다. 자녀의 성교육은 성에 대한 아이의 특성과 수준을 가장 잘 알 수 있는 가정에서 적절한 시기에 이루어져야 한다. 야동이 무엇인지 모르는 아이와 습관적으로 야동을 보는 아이가 함께 있는 교실에서 수준에 맞는 성교육을 하는 것은 불가능에 가깝다. 교육이란 이름으로 학생들에게 무슨 일만 생기면 교사의 몫이고 책임이라며 떠드는 현실이 우리를 참 힘들고 피곤하게 만든다.

성에 관련된 의식 차이 못지않게 시각차가 큰 것이 욕설에 관한 것이다. 욕을 하면 나쁜 아이라는 교육을 받으면서 욕을 하지 못한, 혹은 하라고 해도 절대 하지 않으면서 자란 교사들에게 욕으로 대화를 하는 아이들은 용납이 안 된다. "열라, 졸라"를 의성어로 사용하는 아이들에게 교사들은 끊임없이 "욕을 하는 것은 나쁘니 바른 말 고운 말을 쓰는 것이 좋다"라고 훈계하고, 교실에서 욕설을 하지 못하도록 야단을 치거나 통제한다. 가만히 두고 볼 수는 없지 않은가? 그러나 교사들은 아이들의 욕설을 말리고 야단을 치지만 효과가 없음을 안다. 아이들의 일상 언어인 욕을 교사가 차단하는 것은 불가능하므로 아이들과 싸우지 않았으면 좋겠다. 욕을 사용하되 그렇게 하는 것이 나쁘다는 것만은 인식시키기 위해 잔소리를 계속 하는 우를 범하지 않으시길.

최근 들어 문제가 되는 것이 아이들이 교사를 대상으로 욕을 내뱉는 것이다. 수업 시간에 야단을 치면 "우이 씨. 씨바~"라는 말이 튀어나오고, 심하게 꾸중을 하면 "열라 짜증나!"라는 말을 뱉으면서 눈을 부라린다. 성질대로 하면 한 대 쥐어박고 욕을 실컷 해주고 싶지만 그 순간은 참는다. 그리고 수업이나 일과가 끝나면 아이를 불러서 일장 연설을 시작한다. 왜 나한테 욕을 했는지 따지고, 예의 없음에 대해 야단치는 등 잔소리를 실컷 하고 나서 반성문을 쓰게 한다. 혹은 벌점을 준다. 이때 교사의 기분은, 한마디로 더럽다. 자존심도 엄청 상한다. 이러려고 그 어려운 임용고시를 치느라 죽을 고생한 게 아닌데 싶어 울화통이 터진다.

"욕하고 싶을 때 많죠. 교사니까 참는 거죠. 학원 선생님 비교하면서 사사건건 따지는 애들도 재수 없고, 수업 태도는 엉망이면서 시험 문제 가지고 안 배운 거라면서 따지는 것도 완전 열받아요. 한대 쥐어박고 싶은 마음이 들어요. 자기 아이에 대해 알지도 못하면서 소리부터 지르고, 교장실 찾아가서 민원 넣는 학부모는 성질대로 하면 같이 욕해 주고 사표 던지고 싶다니까요.

우리는 성질도 없다고 생각하나 봐요⋯."

교사에게 직접 욕을 하는 아이를 만나거든 같이 욕을 해 주시길. 그러나 이때 요령 있게 잘 대처하지 않으면 잠시 뒤 인터넷에 '욕하는 교사'라는 제목의 기사가 뜰지 모르니 자신만의 노하우를 계발해야 한다.

그것이 어렵다면 **아이들이 하는 욕에 너무 많은 의미 부여를 하지 않는 것이 좋다.** 아이들이 하는 욕은 말끝마다 붙어 나오는 의성어와 같은 것이므로 분노를 건강하게 풀지 못한 아이들이 내뱉는 감정의 결정체다. 그러니 아이가 선생님에게 욕을 했다고 해도 너무 자존심 상해하지 않았으면 좋겠다. 시간이 지난 뒤 조용히 그 때 기분 나쁨에 대해 말할 필요는 있지만 그 자리에서 아이와 맞장은 뜨지 않는 것이 좋다. 아무런 죄책감도 없는 아이를 보고 더 상처 받을 것이다.

마음을 긍정적인 언어로 표현하지 않고 욕으로 표출하는 것은 문제가 있지만 다르게 보면 아이들의 마음이 분노로 가득 차 있음을 의미한다. 학업 성적으로 줄을 세우고 경쟁을 강요하는 현실에서 받은 스트레스를 욕으로라도 풀어야 아이들은 살 수 있다. 욕마저도 하지 못하고 모든 것을 참고 꾹꾹 눌러둔 아이가 선택하는 길은 더 극단적이다. 욕은 아이들의 문화이고 시대의 흐

름이며 그럴 수밖에 없는 원인이 있다. 그 원인을 교사가 없애줄
수 있으면 좋겠지만 교사 역시 대세를 따를 수밖에.

　　아이들한테 스트레스를 받아서 돌아버리기 직전이라면 어딘
가로 가서 고래고래 소리를 지르면서 욕을 해 보시길. 기분이 괜
찮아질 것이다. 아이들이 욕을 하는 이유를 알게 될 만큼. 선생님
은 욕 한 번 했다고 미안함과 죄책감을 느끼는 너무 착한 교사가
아니시길.

아이들과 이야기를 하다 보면 '아이들도 참 힘들구나!' 하는 생각을 하게 됩니다. 아이들이 아픔이나 상처를 드러내면서 스스로 자신의 문제를 찾아가는 모습은 감동적입니다. 우리가 자주 놓치는 것은 아이들은 이미 꽤 지혜롭다는 사실입니다.

04
욕구를 발산하려는 아이와 제지하는 교사

학생들의 욕구 분출은 초등·중등에서 약간의 차이가 있다. 초등학생들은 주로 컴퓨터 게임이나 산만하게 움직이는 것 등으로 자신의 욕구를 해소하려 한다. 중독이나 은둔형 외톨이가 아니라면 컴퓨터 게임은 주로 가정에서 제지당하기 때문에 교사와 직접적인 갈등을 일으키지는 않는다. 그러나 요즘 초등학생들은 가정에서 억압된 욕구를 학교에서 풀어내면서 차분하기를 원하는 교사와 갈등을 일으킨다.

통제하기 힘든 아이들의 욕구는 불쑥불쑥 튀어나와 교실을 뒤흔든다. 이 갈등은 초등학교 4학년 무렵부터 시작되어 6학년이 되어 절정에 이른다. 제자가 생긴다는 이유로 6학년을 선호한 시대도 있었지만 요즘에는 교육 커뮤니티 메인 화면에서부터 6학년 담임을 꺼린다는 얘기를 볼 수 있다. 이렇게 된 가장 큰 원인은 감당하기 어려운 6학년의 욕구 분출 때문이다.

6학년이라는, 초등학교에서 최고 학년이 된 아이들은 자신이 모든 것을 할 수 있을 것 같은 자만심이 있다. 때문에 선배로서 힘을 과시하는 것이 당연하고, 다른 학교 아이들에게도 자기 학교의 힘을 자랑해야 할 것 같은 착각을 한다. 또한 개성이 강해지고 자존심을 내세우기 시작한다.

그래서 친구나 후배, 부모나 교사가 자신을 조금만 무시하는 것처럼 느껴도 발끈한다. 이전부터 따돌림을 당하던 한 아이를 6학년 아이 모두가 싫어한다거나 6학년에서 짱인 아이에게 걸린 한 아이를 지속적으로 괴롭히기도 한다. 한 덩어리가 되어 못된 짓을 하는 것이다. 다른 학교와 집단으로 싸움을 일으키는 이유도 자기 학교를 무시했다느니 우리 반 아이를 괴롭혔다느니 등이다. 자신뿐만 아니라 집단에 대한 자존심도 강해진 결과다. 집에서는 부모한테 대들고 학교에서는 다른 아이들과 함께 집단행동을 한다. 집단으로 덤비는 이유는 혼자서는 아직 강하지 않기 때문에 불안한 마음이 있어서다.

아이들의 욕구 분출이 상상을 초월하기 때문에 교사들은 아이들의 도덕성 부재나 폭력성을 한탄하거나 비난한다. 그리고 6학년을 여전히 어린아이로 생각하고 더 심하게 통제하고 제지하려 한다. 이것은 아이들의 강력한 저항을 부른다. '너가 이기나 내가 이기나 해 보자!' 식의 전쟁 같은 힘겨루기와 다툼은 대부분 교사의 KO패로 끝난다. 눈에 보이는 게 없는 그들을 어떻게 당해 내겠는가! 특히 인기 있는 아이나 학급 짱의 자존심을 건드리면 교사가 1년 동안 설 자리는 없어진다.

문제를 일으키는 6학년 아이들을 만나서 이야기 해봤다.

"담임선생님 말씀을 안 듣고 계속 대드는 이유가 있니?"

"선생님이 계속 저희에게 잔소리를 해요. 수업시간에 조금만 자세가 안 좋아도 야단치고, 조금만 떠들어도 화를 내요."

"그래서 어떻게 했니?"

"계속 말대꾸를 하거나 선생님이 말을 할 때 일부러 물건 떨어지는 소리를 내거나 해요."

"그러면 선생님은 어떻게 하시니?"

"화를 내다가 안 되면 울어요. 처음엔 불쌍했는데 짜증나요. 다른 반 샘들한테 일러서 혼도 나요."

많은 6학년 아이들은 자신들의 잘못에 대해 반응하는 담임의 행동까지 비난한다. 이에 적응하지 못하는 교사들은 퇴직을 고민할 정도로 학교생활을 힘겨워한다.

학생의 문제도 있지만 이전에 비해 공격성과 폭력성이 강해지고, 지나친 욕구 분출을 하는 아이들에게 적응하지 못하는 교사의 문제도 있다. **많은 초등교사들이 6학년을 초등학생 아이라고 생각하면서 교사의 손 안에 들어오기를 바란다.** 이것은 최고 학년이라는 기고만장함 때문에 눈에 보이는 것이 없는 6학년 아이들을 자극하게 된다. 그래서 안하무인으로 교사에게 덤비고 어깨에 힘을 주면서 사고를 치고 다니는 것이다.

이렇게 날뛰던 6학년 아이들이 중학교에 들어오면 완전 기가 죽은 막내 티를 낸다. 요즘은 이것도 변하는 추세지만, 귀엽던 아이들의 눈빛은 서서히 변해 가고 등굣길에 교문에서, 때로는 수업 시간에 머리와 교복을 통해 교사와 신경전을 하고 서로 험한 말을 주고받는다.

"학생이 왜 파마를 하고 난리야! 학생이면 학생답게 공부에만 신경 쓸 일이지. 머리에 신경 쓸 시간에 책을 한자라도 더 읽겠다. 치마는 이게 또 뭐니! 화장도 곱게 하시고."

"파마를 하거나 염색을 하면 왜 안 되는데요? 머리에 신경을 쓰면 공부를 못한다는 게 말이 돼요?"

딱히 불만을 표출하거나 욕구를 해소할 때가 없는 아이들은 머리나 교복, 화장에 목숨이나 건 것처럼 집착하는 모습을 보인다. 이것은 교칙을 지키지 않으면 안 된다는 이유로, 좀 더 깊이 보면 학생은 이러저러 해야 한다는 교사들의 생각 때문에 제지당한다. 그래서 아이들은 꼼수를 부리기 시작한다.

"그냥 치마를 하나 더 갖고 다녀요. 긴 건 학생부에 안 걸리기 위해서 입고 학교 끝나면 짧은 걸로 바꿔 입어요. 비비 크림은 교문을 통과하면 바르죠 뭐. 컬러 렌즈 낀 것 안 들키게 선생님과 눈도 안 마주쳐요."

아이들은 왜 이렇게까지 하는 걸까?

"파마나 염색을 하는 이유는 재미있으니까! 화장도 그래요. 요즘 화장 안 하는 애들이 어디 있어요? 우리들끼리 유행인데 그런 거라도 하지 않으면 우리는 어떻게 살아요? 그냥 개성으로 봐주면 되지 그것 좀 한다고 날라리 취급하고, 기분 나빠요."

"엄마는 더 심해요. '화장 안 하는 게 제일 예쁘다. 너도 나이 들어 봐라. 알게 될 거다. 나는 네 나이 때 그러지 않았다. 공부에 신경은 안 쓰고 뭐하냐! 교복은 왜 이렇게 짧게 줄였냐! 네가 학생이지 술집에 나가는 애냐!'라면서 모욕을 줘요. 정말 짜증나요."

"숨어서 피우지 못하게 하지 말고 흡연실을 만들어 주면 안 되요? 어릴 때부터 담배를 피워서 끊을 수도 없어요. 그런데 계속 못 피우게 막기만 하니 열 받죠."

끊임없는 경쟁과 공부에 대한 압박에서 벗어나기 위해 아이들 나름대로 숨을 쉬는 통로가 머리, 화장, 교복 같은 것들이다. 이를 통해 공부 성적으로 압박하는 교사와 부모에게 반항하는 것이다. 최근 들어 아이들의 욕구 분출은 더 왜곡된 방향으로 흐르고 있어 안타깝다. 아이들이 유행과 브랜드를 통해 허세를 부리고 존재감을 드러내고 있기 때문이다. 비싼 브랜드의 옷을 통해 어른들이 명품을 좋아하듯 허세를 부리려고 한다. 자신의 존재감을 외형으로 포장하는 어른과 꼭 닮았다. 내면이 약한 아이들은 이렇게 함으로써 자신이 뭔가 있어 보이고 잘나 보인다고 착각한다.

문제는 유행에 민감한 아이들이 옷값을 마련하기 위해 아르바이트를 하고 훔치거나 빼앗는 데 있다. 화장은 외모 콤플렉스와 관련이 있다. 매체에 비쳐지는 연예인들의 모습은 늘 예쁘게 포장되어 있기 때문에 스스로도 화장을 해야 자신감을 가진다. 쌩얼로는 외출할 수 없을 정도로 외모에 자신이 없는 여학생도 많다. 아이들은 자신의 욕구 표출 이면에 있는 건강하지 못한 부분을 생각할 수 없다. 또한 안다고 해도 개의치 않는다. 이 아이들에게 화장 안 하는 게 더 예쁘다는 말은 전혀 들리지 않는다.

그렇다면 선생님들은 아이들의 심리적인 건강이 걱정되어 아이들이 하고 싶은 것을 꾸역꾸역 하지 못하게 하는 걸까? 그렇지 않다.

"화장한 아이를 한 번 봐주면 다른 아이들도 모두 더 심하게 화장을 해요. 처음에는 비비 정도만 바르더니 요즘엔 스모키 화장이 유행이라나 뭐라나 눈을 이상하게 하고 와요. 방학 끝나면 파마나 염색 때문에 언성이 높아질 때가 많아요. 애들이 도대체 말을 듣지 않아요. 공부하러 오는지 놀러 오는지 도저히 분간이 안가요."

"학생부장 선생님은 무서워 하니까 교실에서 화장을 해요. 어찌나 진하게 하는지 무슨 연예인들도 아니고 꼴 보기 싫어요. 데리고 와서 벌점 주고 잔소리해도 그때뿐이고, 매일 싸우자니 진이 빠지고 가만 두자니 교사로서 양심이 걸리고…. 학생답지 못하잖아요. 화장 안 해도 예쁘다는 것도 모르구요."

교사들은 학생이 화장을 하거나 염색을 하고, 지나치게 짧은 치마를 입는 것 등에 대해 유연하지 못하다. 공부에는 신경 안쓰고 왜 외모를 가꾸는 데 시간을 낭비하는지, 안 해도 예쁜데 왜 저러는지 자신의 기준에서 판단한다.

우리의 기준에서 조금 벗어나서 '아이들은 우리와 달리 화장을 해야 학교에 올 수 있구나! 짧은 치마가 아니면 촌스러워서 쪽팔려 하는 구나! 얼마나 답답했으면 담배를 피우고 술을 마실까?' 하는 생각을 했으면 좋겠다. **그렇게 하지 않으면 아이들은 학교와 학교 밖에서 이중생활을 할 수밖에 없고 학교에서 치르는 이 전쟁은 끝날 수 없기 때문이다.** 그 결과 피폐해지는 것은 우리 아이들이고 그 과정에서 속이 문드러지는 것은 교사인 우리들이다.

학생들의 생각과 분출되어 나오는 개성과 자유에의 열망을 차단하는 교사라고 마음이 편한 것은 아니다.

"매일 고민스럽고 제가 한심스럽게 느껴질 때가 있어요. 교복 길이를 정확하게 하지 않으면 따지니까 자로 재고, 화장을 했는지 안했는지 체크를 하고 있는 꼴이 우습기도 하죠. 벌점을 주면 아이들의 불만과 하소연 때문에 힘들고 주지 않으면 생활지도를 엄격하게 하지 않는다고 교장 교감이 뭐라고 또 잔소리를 해요. 그러니까 학생부를 기피하는 거잖아요."

"무슨 문제만 생기면 다양성을 존중하지 않는 교육이라느니, 권위만 휘두르고 통제만 하는 교사라는 말을 하지만, 부모들은 더 심해요. 교복 길이나 두발 자율 등에 대해 이야기를 하면 부모들은 학교에서마저 잡아주지 않으면 어떻게 하냐면서 결사반대해요. 학교가 무슨 만병통치약인 줄 알아요. 학교나 교사를 존중해 주지도 않으면서."

생활지도를 하면서 악역을 담당하는 학생부와 담임교사와 마찰을 빚을 때도 있다. 담임의 입장에서는 학생의 상황을 고려하지 않은 가혹한 처벌이라는 생각으로 서운함을 표현하지만 뾰

족한 대안이 없는 것 또한 현실이다. 학생부 선생님과 학급 아이 문제로 부딪친다면 그 아이의 형편을 구체적으로 설명하고 도움을 구하시길. 물론 학생부에 대해 많은 교사들의 불만이 생길 때는 생활지도 방식에 대해 전체 협의가 필요하다.

"개성도 좋지만 그렇게 하는 것은 공부에 도움이 안 되고 그다지 멋져 보이지도 않으니까 공부에 집중하는 것이 어때?"라고 말하는 교사와 "선생님이 조금만 양보해서 우리의 개성 표현을 막지 않게 해 주면 좋잖아요!"라는 학생의 입장은 여전히 평행선을 달리고 있다. 둘 사이에 낀 학부모라는 존재 때문에 이 문제는 더 해답을 찾기 어렵다.

중학교 때는 강력한 욕구 분출을 계속 이어가기도 하지만 대학 입시를 준비해야 하는 고등학생이 되면 조금은 수그러든다. 더 이상 반항할 게 남아있지 않거나 철이 들기 때문이다. 그래서 많은 교사들은 생활지도 면에서 조금은 편안해진다. 그러나 심리적으로 볼 때 필자는 고등학생이 더 걱정스럽다. **공부와 입시 외에 어떠한 선택도 하지 못하게 강요당하면서 정신이 병들어가고 있기 때문이다.**

강박적으로 성적에 집착해서 공부하고 시험 불안이 있어도,

혼자 공상 세계에 빠져서 숨어버려도, 피도 눈물도 없는 아이로 변해가도 성적만 좋으면 좋은 대학만 가면 용서받으니까. 아이가 죽음을 선택한 뒤에야 얼마나 고통스러웠는지 학교도 부모도 알게 되는 현실 속에서 아이들이 제정신일 리가 없다. 잠재되어 있는 정신병리 문제는 대학생이 되면 서서히 표면으로 떠오른다. 이를 잘 극복하면 다행이지만 내면의 힘이 부족한 아이들은 힘겨워하고, 이들이 결혼을 하면 건강하지 못한 부모가 된다.

교사들의 입장에서는 시도 때도 없이 규칙을 어기고 욕구 분출을 하는 아이들을 제지하는 것이 힘들지만, 아이들이 속으로 삭히면서 정신이 병들어 가는 것보다 낫지 않은가? 내가 맡은 1년 동안 아이들이 조용히 지내면 좋겠지만, 그것이 아이의 병을 키우는 과정이라면 더 나쁘지 않겠는가?

아이들이 철이 없다는 건 맞는 말이다. **그러나 아이들은 그렇게 대책 없는 행동을 하고 교사들과 전쟁을 하면서 조금씩 철이 들어간다.** 학교에 처음부터 철이 든 아이들만 온다면 우리 대부분은 직장을 잃을지도 모른다.

학교가 숨 막혀서
오기 싫거나
아무도 모르는 곳에 가서 자유롭게
살고 싶다면 용기를 내 보십시오.
그렇다고 학기 중에 몇 날 몇 일을
잠수 타면 곤란하지만, 학생들과
마찬가지로 선생님도 숨을 쉬기 위해
일탈이 필요합니다. 때로 일탈은
우리의 일상을 보다 활기차게 만들어
주니까요. 가끔은 자신에게 일탈을
허하는 교사이시길.

2

내 문제일 수도 있다

01
내가 진정으로 원하는 건 뭘까?

"내 말 좀 들어! 교칙을 왜 안 지켜? 규칙은 지키라고 있는 거야!
수업 시간엔 떠들지 않는 거야!"

매일 학교에서 우리가 아이들에게 하는 이 말은 심리학 용어
로 **내사**injection로 설명할 수 있다. 내사란 부모나 교사 등 권위 있
는 사람들에게서 요구받은 행동이나 말을 자신의 것으로 받아들
여서 그대로 따르려는 행동이나 생각을 말한다. 이러한 내사는
초자아의 목소리로 표현되며 대부분의 사람들은 살아가면서 규
칙이나 도덕, 예절과 관련된 타인의 가치관이나 사고방식인 내사
를 가지고 있다.

"예의를 지켜라", "거짓말 하지 마라" 등의 말을 그대로 따르

고 절대로 어기지 않으려는 사람은 내사가 강한 사람이다. 대체적으로 이들은 자신이 원하는 것보다는 부모나 교사 등 주위 사람의 기대에 따라 살아가며, 타인이 자신을 어떻게 평가하고 판단할 지에 초점을 둔다. 내사를 중심으로 살아가다 보면 자신의 목소리, 자신이 원하는 것이나 바라는 것은 뒷전으로 밀리게 된다. 그 결과 자신이 원하는 삶과 타인이 바라는 삶을 구별할 수 없게 된다. 이처럼 내사된 목소리가 개인의 말이나 행동을 지배하게 될 때 문제가 발생한다.

학교에서도 내사가 적용되는데, "말을 잘 듣는다. 규칙을 잘 지킨다. 태도가 바르다"라는 말은 학교의 내사를 잘 따르는 아이들에게 하는 칭찬이다. 이 아이들은 선생님으로부터 모범생으로 인정받고 관심을 받는다. 최근 들어 교사나 학교의 내사를 무시하고 자신의 목소리를 내는 아이들이 많아지면서 내사를 잘 따른 교사들과 충돌하는 경우가 많다. 대부분의 교사들은 어른이나 사회의 목소리를 내사하는 삶을 살아왔고, 교사가 되어서도 비슷한 생활을 하기 때문에 정해진 규칙을 따르지 않고 자신의 목소리를 내는 아이들을 이해하지 못하는 경향이 있다.

많은 교사들은 아이들뿐만 아니라 "선생님은 학생들을 차별하지 않고 공평하게 대해야 한다, 수업은 재미있게 가르쳐야 한다, 우리 반 학생들은 내가 책임져야 한다" 등 자신의 역할에 대해 내사된 목소리를 가지고 있다.

"오늘 수업시간에 설명을 하다가… 틀리게 설명한 거 있죠…. 어찌나 창피하던지, 아이들이 비웃는 거 같았어요."

'교사는 실수를 해서는 안 된다. 특히 수업시간에 학생들 앞에서 실수하면 안 된다'는 내사를 가지고 있는 선생님은 아이들 앞에서 오답을 말한 자신을 탓하면서 힘들어하거나 같은 실수를 되풀이하지 않으려고 노력하여 완벽한 수업을 준비한다. 이 과정에서 자신의 몸과 마음을 혹사시킬 뿐만 아니라 학생들의 실수에도 엄격한 잣대를 적용하여 아이들 역시 자신의 실수를 인정하는 데 어려움을 겪을지도 모른다.

"아이들이 하는 말마다 욕이 입에 붙어 있고, 무슨 아이들의 입이 그렇게 거칠어요. 고운 말을 써야 하잖아요."

교사가 '학생들은 바르고 고운 말을 사용해야 한다'는 생각을 가지고 있기 때문에, 교실에서 학생들의 거친 말이나 욕설을 하지 못하도록 야단을 치거나 언어 습관을 고쳐야 한다며 잔소리를 할 것이다. 교사가 이런 모습을 보일 때 아이들은 선생님이 보는 앞에서는 바른 말을 쓰는 척 하겠지만, 교사가 없는 곳에서는 평소에 하지 못한 것까지 합쳐 더 강하게 욕을 할 것이다.

이러한 상황에서 교사의 바른 말 고운 말 강요는 학생들과의 갈등을 부른다. 아울러 아이들은 누군가를 욕하고 싶거나 스트레스 상황일 때 선생님께 말하지 않을 것이므로 결과적으로는 아이들과 교사 사이에 벽이 생기게 된다.

"선생님은 어릴 때 욕을 좀 했나요?"

"저는 욕을 하지 않았어요. 어렸을 때부터 엄마가 많이 야단쳤거든요."

"그 때는 어땠어요?"

"싫었죠. 짜증도 나고 답답하기도 하고."

"그랬을 거 같아요. 요즘은 욕 하고 싶을 때가 없어요?"

"있죠. 그 애가 욕을 하면서 소리를 지르면 저도 그 애한테 막 욕을 해주고 싶어요. 나도 너 때문에 못살겠다고…. 그래도 못해요. 좋게 타일러요. 그런 말 좀 하지 말라고…."

"그렇군요. 그 친구한테 소리라도 질렀으면 마음이 좀 풀렸을 텐데. 하고 싶은 말을 못해서 더 스트레스를 받는 거 같네요. 아이한테 소리를 지르면서 야단을 쳐보지 그러셨어요?"

"그건 안 되죠. 전 교사잖아요. 참아야죠."

선생님은 교실에서 욕을 하는 학생들을 대할 때 어려움을 겪고 있으며 학생들로부터 받는 스트레스 또한 시원하게 풀지 못하고 있다. 이 선생님의 마음이 편안해지려면 욕에 대해 조금은 허용적일 필요가 있다. '욕을 하면 안 된다'는 생각을 '욕을 할 수도 있다'로 바꾸면 훨씬 편안해진다.

교사들이 하는 또 다른 내사는 학부모나 학생과 관련되어 나타난다.

"아이를 낳았으면 관심을 가져야 할 거 아니에요? 준비물이라도 챙겨주던가 아님 지각이라도 안 시켜야 할 거 아니에요? 도대체 집에서 뭐하는 거야!"

선생님은 '학부모는 자녀에게 관심을 가져야 한다'는 내사를 가지고 있다. 그래서 자신의 아이에게 무관심한 학부모를 비난하고 아이의 숙제나 준비물을 챙겨주지 않는 학부모를 용서할 수 없다. 부모가 자녀에게 관심을 가지는 것은 당연한 일이지만 세상의 모든 부모들이 그렇지 않은 것 또한 사실이다. 교사가 가진이 내사는 자녀를 돌볼 수 없는 상황인 학부모를 이해하는 데 장애가 되고, 부모의 관심 속에서 자라지 못한 학생과 소통하는 데걸림돌이 될 수 있다.

머리를 감거나 옷을 깔끔하게 입는 기본적인 습관이 형성되지 않은 아이가 어느 날 친구와 크게 싸웠다. 화가 난 선생님은더 이상은 못 참는다며 이를 갈고 있을 때 할머니 한 분이 뛰어 오셨다. 죄송하다고, 먹고 사는 게 바빠서 아이를 챙길 시간이 없다며 아이 어머니가 집을 나가서 그렇다고 하셨다. 그 모습을 보고선생님은 아이의 보이는 행동만 야단친 자신이 부끄러웠다고 한다. 가끔 아이들은 어쩔 수 없는 환경 때문에 문제행동을 하고 우리에게 미움을 받는다.

교사가 가진 사소한 생각이나 신념이 아이들의 행동이나 생각에 미치는 영향을 생각하면 부담스럽고 가끔 무섭기까지 하다.그렇다고 모든 신념을 버릴 수는 없지 않은가! 모든 신념을 버릴것이 아니라 우리의 신념과 생각이 학생의 생각과 행동, 그리고서로의 관계에 어떤 영향을 미치고 있는지 관심을 가지는 것이중요하다.

많은 선생님들은 '교사는 완벽하게 가르쳐야 한다, 좋은 교사가 되어야 한다, 내가 아이들을 잘 이끌기 위해서 강력한 메시지를 주어야 한다, 내가 맡은 1년 동안 조금이라도 고쳐서 올려 보내야 한다' 같은 내사를 가지고 있다. 또한 '학생은 공부를 열심히 해야 한다, 수업 시간에 잘 들어야 한다, 거짓말을 해서는 안 된다, 학생은 학생다워야 한다' 등 학생에 대한 내사 또한 가지고 있다.

교사의 내사가 강하고 엄격할수록 교실 상황에서 학생들의 말과 행동을 수용하는 폭이 좁아진다. 이런 점을 극복하기 위해 **교사들은 자신이 가진 내사를 유연하게 할 필요가 있다.** 내사를 유연하게 하기 위해서 교사들은 자신이 어떤 내사와 생각을 가지고 있고 그것이 학생들의 생각과 행동, 그리고 학생과의 관계에 어떤 영향을 미치는지 알아야 한다. 자신이 가진 내사를 알기 위해서는 자신의 심리사에서 주로 들었던 외부의 목소리는 어떤 것인지, 자신에게 내사를 한 사람은 누구인지 찾아야 한다.

자신이 어렸을 때부터 부모로부터 반복적으로 요구받았거나 들은 소리, 즉 "너는 이렇게 해야 한다, 너는 이렇게 해서는 안 된다"를 기억해 보시길. 그 말을 들을 당시 선생님의 기분이나 마음은 어떠했는가? 그때 당신이 느꼈을 그 기분이 당신의 말을 듣는 학생이 느끼는 기분이다. 그 목소리가 진정으로 선생님도 원하는 목소리라면 그대로 수용하고, 그렇지 않다면 그 목소리가 들리는 순간 "stop"을 외치고 '나는 그렇게 하고 싶지 않다'며 과감하게 거부하시길.

내사의 강도를 줄일 수 있는 또 다른 방법은 자신이 가진 내사 자체에 의문을 가지고 관련 경험을 탐색하는 것이다. '교사는 실수를 하면 안 된다'는 생각을 하고 있다면 왜 교사는 실수를 하면 안 되고, 언제부터 그런 생각을 하게 됐는지, 자신이 실수를 했을 때 수용 받지 못했거나 누군가로부터 야단을 맞았는지 등을 스스로에게 묻고 답을 찾아보는 것이 도움이 된다. 자신이 실수를 했을 때 들었던 꾸중이 자신을 힘들게 하고 야단을 치는 사람이 원망스럽지 않았는가? 그럼에도 불구하고 어른이 된 지금은 스스로 자신에게 실수하지 말라며 다그치고 있다.

한편, 앞에서 말한 나쁜 내사와 달리 스승이나 멘토로부터 받는 좋은 내사도 있다. 교사 역시 학생들의 성장과 삶에 영향을 미치는 긍정적인 내사를 주고 있다. 그것은 교사가 일방적으로 주는 명령이나 요구가 아니라 자신의 삶에서 녹아낸 너그러움과 지혜에 바탕을 둔 목소리이다. 좋은 내사를 가지기 위해 교사들은 자신이 가진 내사를 알고, 꾸준한 연습을 통해 나쁜 내사를 줄이는 동시에 자신이 진정으로 원하는 것이 무엇인지 찾아야 한

다. 이렇게 될 때 좋은 내사를 할 수 있는 여유가 생긴다. 좋은 내
사를 위한 첫 걸음을 다음 질문에 대한 답을 찾는 것으로 시작해
보시길.

"지금 현재, 또는 나의 삶에서 내가 진정으로 원하는 것은 무엇
인가?"

"지금 현재 선생님 자신이 원하는 삶을 살고 있는가? 아니면 타
인의 기대나 요구, 교사로서의 의무로 살아가고 있는가?"

**지금 현재 선생님이 원하는 대로 살고 있지 않다면 아마도 행복하지
않을 것이다.** 타인의 기대나 요구대로 선생님의 시간을 보내는 대
신 짧은 짬이라도 스스로를 위해 시간을 보내는 것은 어떨까? 내
가 없으면 안 될 것 같은 일이나 사람도 배신감이 들 정도로 잘 굴
러갈지도 모를 일이다.

우리는 우리가 좋아했던 선생님의 모습을 떠올리면서 닮고자 노력하고 상처를 줬거나 미워한 선생님을 반면교사로 삼아 닮지 않으려는 마음을 가지게 됩니다. 교사인 우리의 삶을 돌이켜보면 두 분 모두 우리에게 멘토였는지 모릅니다. 한 분은 교사의 참 모습을 배우고 싶은 마음을, 한 분은 이러면 안 된다는 가르침을 주었기 때문입니다. 선생님이 학생에게 전자의 모습으로 비춰지길….

02

내 생각이 틀렸을 수도 있다

"아이들이 수업 시간에 잠을 자면 나를 무시하는 것 같고 떠들면 가르치는 능력이 부족하기 때문이라는 생각이 들어요."

위 상황에서 실제로 아이들은 선생님을 무시하거나 능력이 부족하다고 생각할 수 있다. 반대로 교사의 능력과는 아무 상관없이 어제 게임을 하느라 잠을 못자서 졸음이 왔거나 급하게 할 말이 있었을 수 있다. 교사 때문이 아니라 아이들 나름의 이유로 떠들었을 수 있다는 말이다.

하지만 자신의 수업 스타일이 마음에 들지 않거나 부족하다고 생각하는 교사는 수업 시간에 아이들이 하품을 하거나 조금만 소근거려도 자신의 수업에 문제가 있다고 판단하면서 위축된다.

마음이 많이 불편해지면 학생들에게 뒤집어씌우기도 한다. 불안감이나 열등감이란 안경을 쓰고 수업 시간에 자는 것, 떠드는 것이 모두 자신을 무시하는 거라며 아이들을 닦달한다. 자신에 대한 열등감이 강한 교사일수록 더 강하게 아이를 비난한다.

지금까지 나온 내용들은 학생들과의 관계에서 드러나는 교사의 **투사**projection이다. 투사는 자신의 생각이나 욕구를 타인의 것으로 착각하는 것을 말한다. 자신이 노란 안경을 쓰고 있으면서 타인에게 노란 옷을 입었다고 말한다. 돼지 눈에는 돼지가, 부처님 눈에는 부처님이 보인다는 말은 투사를 잘 설명하는 표현이다.

투사는 모든 사람들에게 무의식적으로 일어나는 자연스러운 현상으로 대부분의 사람들은 세상이 노랗게 보이는 것이 자신의 안경 때문이라는 것을 알지 못한다. **투사는 일상에서 사람들과 관계를 맺을 때 주로 일어나기 때문에 대인관계를 푸는 중요한 열쇠가 된다.** 그러므로 늘 학생들과 관계를 맺는 교사들은 특히 더 관심을 가져야 한다.

학교에서의 투사는 동료 교사와의 관계에서도 드러난다.

"부장인 제가 능력이 없다고 저와 의논을 하지 않고 자기들끼리 소곤거려요."

부장교사의 이 말은 사실일 수 있다. 실제로 능력이 없어서 다른 교사들이 자기들끼리 이야기를 하거나 문제를 해결할 가능성이 있다. 그러나 이것은 부장의 자격지심이거나 착각일 수도 있다. 스스로 능력을 믿지 못하는 부장이 자신의 마음을 부원들에게 투사하는 것이다. 부장이 이런 생각을 하는 이유는 스스로 능력 없는 부장이라는 사실을 인정하는 것보다는 부원들에게 투사하는 것이 더 익숙하고 편안하기 때문이다. 이러한 특성 때문에, 투사는 타인의 평가와 판단에 예민하거나 피해의식이 강한 사람에게 더 자주 더 강하게 나타난다.

부장이 자신의 불편한 마음을 견디다 못해 부원들에게 한마디 하는 상황을 보자.

"잡담 좀 그만 하고 이번 주까지 마무리해야 하는 일 좀 하세요. 지난번에도 늦었잖아요."

이 말을 한 뒤 부장은 어떨까?

"내가 싫은 소리를 했으니까 그들이 나를 더 싫어하겠지? 뒷담화하면서 날 욕하겠지. 아니면 선생님들이 상처를 받았을 거야. 그냥 참을 걸…."

본인이 뼈있는 말을 한마디 했다는 생각으로 마음이 내내 편치 않다. 이것 역시 부장이 하고 있는 또 다른 투사이다. 부장은 타인이 하는 사소한 말에 상처를 많이 받으며, 부정적인 피드백을 하는 사람을 싫어하는 성격이다. 그래서 다른 사람들도 자신처럼 타인의 말에 상처를 많이 받고 부정적인 말을 한 자신을 싫어할 것이라고 투사하고 있다. 실제로 상대방은 상처를 받을 수도, 그렇지 않을 수도 있는데 자신의 마음을 투사하여 상대방이 자신과 같을 것이라고 착각하는 것이다.

이런 점 때문에 타인의 말에 상처를 잘 받는 사람은 부정적인 피드백을 잘 하지 못한다. 반대로 자신의 부정적인 마음을 잘 표현하는 사람은 타인의 말에 상처를 잘 받지 않는 사람일 수 있다. 자신이 가진 안경의 색깔에 따라 상대방을 바라보기 때문이다.

투사를 많이 하는 선생님의 학교생활은 괴롭고 힘들다. 이런 사람이 담당 부장이나 관리자, 동료 교사라면 한두 번은 이해하거나 안

쓰러운 마음이 들겠지만 반복적으로 겪게 되면 마음이 불편하다. 타인이 불편하고 상처 받을까봐 하고 싶은 말을 못하거나 하고 나서도 후회하는 교사는 마찬가지로 학생들에게도 야단치기를 어려워하거나 소리 지르고 나서 금방 후회한다.

어느 날 필자의 상담실에 온 한 선생님의 표정은 금방이라도 눈물을 뚝뚝 흘릴 정도로 속상해 보였다.

"수업 시간에 한 아이에게 소리를 지르면서 나가라고 했어요."

"잘했어요. 선생님이 그랬으면 이유가 있겠죠. 그래서 속은 시원해요?"

"아뇨. 처음엔 시원한 거 같더니, 마음이 불편해요. 반 아이들이 절 싫어할 거예요. 참았어야 했는데."

"소리 지르고 열 받을 만한데, 선생님은 아이들이 선생님을 싫어할까봐 걱정되나 봐요."

"네. 아이들이 절 싫어한다는 생각을 하니까 자신감이 없어지고 수업가기도 싫어요."

"당연히 그럴 거 같아요. 근데 선생님은 그 아이들을 어떻게 생각하세요?"

"사실은…. 올해 아이들이 정이 안가요. 별로 마음에 안 들어요. 뭔가 통하지 않는 거 같아요. 요즘은 학교 오는 것이 싫을 때가 많아요."

아이들이 자신을 싫어한다고 생각하는 이유는 선생님 자신
이 아이들을 좋아하지 않기 때문이다. 이러한 자신의 마음을 아
이들에게 투사하여 아이들이 자신을 싫어하는 거라고 착각하는
것이다. 자신의 안경으로 인해 학생들과 좋은 관계를 맺지 못하
고 있었다.

교사의 투사로 인해 학교에서 일어나는 학생이나 동료 교사
와의 불편한 관계를 줄이기 위해서는 자신이 투사를 하고 있음을
자각해야 한다. 학생들이 이러저러할 것이라는 판단이나 생각이
일어날 때, 학생들에게 한 말과 행동으로 마음이 불편해질 때 자
신의 생각이 맞는지 확인하는 것이 좋다. 본인이 염려한대로 상
대방의 마음이 불편했다는 대답을 듣는다면 사과를 하거나 자신
의 입장을 이야기하면 된다. 그러나 놀랍게도 선생님의 이야기를
들은 많은 아이들은 왜 선생님이 그런 생각을 했는지 이해할 수
없다는 뜨악한 표정을 지으면서 자신에게 어떤 사정이 있었다는
말을 할 것이다.

학생들로부터 받는 마음의 상처 역시 많은 경우 교사 자신의
투사일 수 있다. **조금 망설여지고 힘들지라도 옥박지르거나 소리 지르지
말고 아이들에게 자신의 마음을 표현하고 확인해 보시길.**

"지난 수업 시간에도 자고, 이번 시간에도 자고 너 나 싫어하지? 아니면 내 수업이 재미없니?"

위와 같은 말로 자신의 불편한 마음을 표현하여 대화할 여지를 만들어 주면, 아이들이 이유를 말해 줄 것이다. 이때 많은 아이들은 의아한 표정을 지으면서 "샘, 그게 아니라 어제 게임하느라 늦게 잤어요", "제가 모르는 부분이 많이 나와서 그래요"라는 대답을 할지도 모른다. 예상대로 아이가 선생님이 싫다고 하면 어떻게 하는 것이 좋을까? 받아들이는 수밖에. 자기가 싫다는데 도리가 없다. 그렇다고 아이 마음에 들려고 나를 바꿀 수는 없지 않은가? 많은 아이들이 싫어한다면 자신을 바꿔보는 것도 좋겠지만.

자신의 투사를 모른 채 학생들이 문제라며 모욕적인 말로 야단을 치면 문제는 더 심각해진다. 아이들이 파랗게, 때로는 빨갛게 보일 때 그 색깔이 아이들의 진짜 색깔일 수도 있지만 자신이 쓴 안경 색깔 때문일 수 있음을 기억해야 한다. 교사들이 할 일은 자신이 쓴 안경 색깔을 바르게 알고 착각을 줄이려는 노력이다.

교사들이 착각을 줄이기 위해 해야 할 일은 그것이 자신의 생각이나 판단이라는 것을 '인정하는 것'이다. 이를 위한 좋은 프로그램이 있다. 학생이나 학부모, 동료 교사와의 관계에서 자신에게 일어난 생각 이나 느낌에 다음과 같은 말을 반복적으로 덧붙이는 것이다.

'우리 반 아이들은 날 싫어한다. 이것은 내 생각이고 이 생각에 대한 책임은 내가 진다.'

'나는 담임으로써 능력이 없다. 이것은 내 생각이고 이 생각에 대한 책임은 내가 진다.'

'저 선생님은 나와 이야기 하는 것을 싫어한다. 이것은 내 느낌 이고 이 느낌에 대한 책임도 내가 진다.'

우리 자신이 가지는 생각, 느낌은 우리 자신의 것이니까 책 임도 우리가 지는 것이 당연하다. 이 당연한 마음가짐이 착각, 투 사를 줄이는 지름길이다.

투사에는 앞에서 말한 자신의 마음에 있는 부정적인 것을 투사하는 것 외에 긍정적인 면을 다른 사람의 것으로 투사하는 경우도 있다.

"저 선생님은 아이들에게 참 잘 한다. 수업 준비도 철저하게 하고 업무 능력도 뛰어나다. 부럽다."

"저 아이는 똑똑하고 야무지다. 잔소리를 하지 않아도 알아서 자기 할 일은 잘 하고…."

라는 말을 하면서 자신에게 없는 능력을 동료 교사나 학생이 가졌다며 부러워한다. 그러나 자신에게 업무 능력이 뛰어나거나 야무지고 똑똑한 모습이 없으면 다른 사람에게서 그 모습을 찾을 수 없다. 타인에게서 발견하는 장점은 자신도 모르게 그림자로 숨어있기 때문에 타인의 모습 속에서 발견하는 것이다. 인정하기 힘들지 모르지만 부러워하는 그 사람의 모습은 바로 선생님의 장점이다. **자신이 부러워하고 본받을 점이 많다고 생각하는 사람의 특징을 적은 뒤 주어를 자신으로 바꾸어서 다시 적어보시길.** 자신이 부러워하거나 존경하는 상대방의 좋은 점이 자신도 가지고 있는 장점이라는 것을 인정하기 어려운가? 그렇다면 선생님은 평소 자신에게 인색한 사람일 수 있다. A선생님의 차분하고 논리적으로 아이들을 잘 설득시키는 모습이 좋아 보인다면 선생님 역시 차분하게 아이들을 설득시킬 수 있는 사람임이 분명하다. 자신에게 없는 것은 다른 사람의 모습에서 찾을 수 없다.

투사에는 학생과 관계를 맺을 때 교사에게 필요한 긍정적이고 창조적인 투사가 있다. 자신의 생각이나 느낌을 타인에게 투사함으로 인해 타인이 느끼는 마음이나 상황을 보다 잘 이해하는 것이다. 이는 공감과 비슷하다. 어릴 때 어머니로부터 과도한 관심을 받으면서 자라 자율성이 없어서 스트레스를 받은 선생님은 비슷한 경험을 하고 있는 아이를 더 잘 이해할 수 있다.

부모로부터 야단을 맞은 우리 반 아이의 억울함과 아픈 마음을 이해해 주는 것, 학부모와 갈등을 빚은 동료 교사의 속상하고 화나는 마음을 풀어주는 것, 관리자와 다툼이 있는 교사의 마음을 헤아려 주는 것 등이 모두 자신의 심정을 투사하기 때문에 공감 가능한 것이다. 자신이 쓴 노란 안경이 타인의 노란색을 더 선명히 보이게 만들어 준다.

우리는 매일 학생들의 이야기에 공감하고 마음을 보듬어 주는 창조적 투사를 통해 아이들과 좋은 관계를 맺을 수 있다. 창조적 투사를 보다 많이 하는 교사가 되기 위해 우리는 부정적인 것이든 긍정적인 것이든 자신의 마음을 온전히 수용하는 것이 좋다. 그렇게 될 때 편안한 마음으로 학생의 모습을 그대로 받아들일 수 있다. 어떤 면에서 마음이나 생각, 느낌에 "긍정적이다, 부정적이다"라는 말을 붙이는 것은 의미가 없을지도 모른다. 그것은 단지 일어났다 사라지는 현상일 뿐이니까. 가만히 두면 그것은 그냥 그대로 흘러간다.

학생들을 판단하거나 평가하는 마음이 일어나고 그로 인해 상처를 받게 될 때, 그것이 학생의 문제인지 내가 쓴 안경의 문제인지를 살펴보시길. **학생으로 인해 발생한 문제이면 그것을 그대로 인정하고, 내 안경 때문에 생긴 문제라면 내가 쓴 안경 색깔을 알아차리거나 안경을 벗으면 된다.** 조금씩 나를 바꿔나가다 보면 부정적 투사는 줄어들고 창조적 투사 능력이 키워져서 교사가 행복하고 아이들이 행복한 교실이 될 것이다.

교사인 우리가 가장
하기 힘든 일은
아이들에게 우리 자신의 잘못을 인정하는
것일지도 모릅니다. "미안해! 아무래도
내가 잘못 생각한 것 같아!"라는 말
한마디가 왜 그렇게 입에서만 맴도는지….
그러나 또 많은 교사들은 너무나 자주
"미안해! 내가 잘못했어!"라고 사과합니다.
어떤 모습이든 나름의 이유가 있을
것입니다. 멋진 모습을 많이 보이는
선생님이 되시길….

03

내가 아닌 너한테 화가 나!

"교직 경력이 얼만데 학급 아이들 하나 통제하지 못하고, 참 한심하고 나 자신이 부끄러워요. 나한테 화가 나고 짜증이 나요. 이러는 내가 정말 싫어요."

"나 자신이 부끄럽다, 나한테 화가 나고 짜증이 난다"라는 말은 학생들에게 일어나는 화나 짜증, 아니면 학교 조직에 대한 분노가 자신에게 향한 것이다. 타인에게 낼 화를 자신에게 내는 이유는 화를 상대방이 받아주지 않을 것이라고 생각하기 때문이다. 이는 성장 과정에서 주위 사람이나 환경이 비우호적이었던 상황을 많이 경험한 사람에게서 더 자주 나타난다. 부정적인 감정을 표현하였을 때 타인에게 수용되지 못하거나 표현조차 하지 못하는 상황이 반복되면 자신에게로 화살을 돌리게 된다. 상대방에게 나는 화를 자신에게로 돌려 "나한테 화가 난다. 내가 싫다" 등으로 말하게 되는 것이다. 이처럼 다른 사람이나 환경에게 하고 싶은 말이나 행동을 자기 자신에게 하는 것을 **반전retroflec-tion**이라고 한다. 이 글을 읽고 있는 지금, 자기 자신 때문에 화가나 있거나 자신 때문에 속상하다는 마음이 든다면 반전을 하고 있는 것일지도 모른다.

실수를 하거나 일이 잘못되었을 때 습관적으로 "이러는 내가 싫다, 바보같이"라는 말을 자주 쓰는가? 'Yes'라는 대답이 나온다면 선생님은 반전의 영향권 안에 있다고 볼 수 있다. 말은 힘을 가지고 있기 때문에, 자신이 말하는 방향으로 삶은 흘러간다. 스스로 바보라고 책망하면 계속 바보 같은 일이 일어난다. 그런 말을 듣는 타인의 마음 역시 편안하지 않다. 작은 실수나 일에도 스스로를 비난하는 사람의 말을 인정하자니 불편하고, 아니라고 반박을 하면 자신을 잘 몰라서 그렇다며 거듭 자신이 바보임을 설명하기 때문이다.

사람은 살아가면서 때때로 타인이나 환경이 원인임에도 불구하고 자신을 탓하거나 화를 내기도 한다. 교사들은 학급 아이들을 관리하기 힘들거나 자신의 말이 먹혀들지 않는다는 느낌이 들 때 능력 없는 자신을 탓하거나 속상해 한다. 그러나 습관적으로 학생들에게 일어나는 분노나 화를 풀지 않고 자신에게 반전을 하는 교사는 심리적으로 위축되어 자신감을 잃고 무기력해진다.

반전의 경향이 강한 교사의 자책은 내면으로 들어가기 때문에 학생들이나 동료 교사, 학부모들과의 대화나 소통을 가로막는다. 이런 선생님은 학생들이 문제를 일으키거나 갈등이 일어날 때도 학생들을 야단치지 못하고 자신을 탓한다. 그리고 학생들에게 더 화가 날수록 자신을 더 강하게 책망하게 된다. 그런데 반전의 특성이 강한 교사를 만날 때 학생들은 처음에는 미안해하거나 반성하지만, 교사의 반전이 계속될 경우 부담스러워하고 답답해하거나 무시하기 마련이다.

다음은 말썽꾸러기가 많은 반을 맡은 선생님과 나눈 대화이다.

"많이 힘드시겠네요."

"네. 학교 오기가 싫고 제가 바보 같아요."

"어떤 점에서 자신이 바보 같아요?"

"선생님이 되어서 마음 하나 관리하지 못해서 아이들에게 소리를 지르고 유치하게 싸우고 있는 꼴이 진짜 바보 같아요."

"저는 선생님이 바보 같다는 생각은 안 드는데 선생님은 자신이 바보 같은가 봐요. 평소에도 자책하는 말을 자주 하는 편인가요?"

"음… 좀 그런 거 같아요."

"그런 말을 하면 기분이 어때요?"

"나쁘죠. 그런데도 자꾸 말을 그렇게 하게 돼요. 정말 제가 바보 같고 능력 없는 교사 같아서 아이들 앞에 서는 것이 두려워져요."

이 선생님처럼 습관적으로 자신을 탓하거나 비난한다면, 잠깐 반전을 멈추고 진정으로 누구에게 화가 나는지 왜 짜증이 나는지 자신의 마음을 살펴볼 필요가 있다. **자신에게 화살을 돌리지 말고 진정으로 누구에게 화가 나는지 대상을 정확하게 찾아보시길.**

자신에게 반전을 쓰는 또 다른 이유는 성장하면서 부모로부터 부정적인 평가를 받은 것이 습관화되었기 때문이다. "너는 바보 같이 그것 하나를 제대로 못하니? 도대체 잘하는 게 뭐니? 준비물도 잘 못 챙기고 책상 정리도 못하고" 등등. 반복적으로 자신의 말과 행동을 비난하는 소리를 듣다 보면 자신도 모르게 스스로를 비난하게 된다.

부모가 자신에게 했던 비난을 스스로에게 하고 있다면 선생님은 아직 부모의 영향권 안에 있음을 증명하는 것이다. 당신이 문제가 많은 야무지지 못한 아이라고 판단한 것은 아이 어머니의 생각일 뿐이다. 어머니의 생각과 자신의 생각을 동일시하지 마시길. 선생님의 행복을 위해서 심리적으로 독립할 필요가 있다.

이 글을 읽는 순간 지금도 부모에게 벗어나지 못한 자신을 탓하면서 "나한테 화가 난다. 나 때문에 속상하다"라는 말이 계속 튀어 나온다면 강하게 "stop"을 외치면서 억지로라도 그만두어야 한다. 엉뚱한 대상인 자기 자신을 비난하거나 책망하는 일이 반복되면 자신은 정말로 바보가 될 것이며, 그것은 고스란히 아이들에게 전달된다.

습관적으로 자신을 자책하고 비난하는 교사들은 학생에게도 비난하는 말을 자주 사용한다. 따라서 학생과의 관계도 나빠질 가능성이 있다. 결과적으로는 행복하지 않은 학교가 될 것이다. 교사로서 꽤 괜찮은 자신을 칭찬하고 인정하는 마음으로 다음 문장을 완성하면서 최선을 다한 자신을 사랑하고 아껴주시길.

"우리 반 아이들을 위해 내가 잘한 일이 무엇인가?"

"아이들이 좋아하는 나의 장점은 무엇인가?"

위 질문에 대한 답을 찾는데 한참 생각을 해야 한다면, 선생님은 분명 스스로에게 바라는 것이 너무 많거나 자신에 대해 인색한 사람이다. 학생이나 학부모에게 좋은 소리도 잘 못 듣는데 우리 자신만이라도 스스로를 칭찬하는 교사가 되자.

단언하건대, 지금 현재 선생님은 꽤 좋은 선생님이고 아이들이 좋아하는 장점을 가지고 있다. 아무리 생각해도 자신이 능력 없는 교사라는 생각이 든다면 이것 역시 자신이 하는 반전이다.

반전의 경향이 강한 선생님은 타인이나 환경과 직접 접촉하기보다는 자신을 탓하거나 화를 냄으로써 생생함을 상실하고, 타인과의 만남을 힘들어한다. 우리가 생각하는 것 이상으로 학생들은 수용적이고 이해심이 많다. 학생들에게 일어나는 부정적인 마음을 분명하게 표현하면 아이들이 받아 주고 이해해 줄지도 모른다. 우리가 생각하는 이상으로 아이들은 이해심이 많다.

학급 아이들에게 상처를 받아서 몸과 마음이 힘든 자신에게 넌 문제가 많고 좋은 교사가 아니라며 구박을 하고 있다. 얼마나 힘들겠는가? 첫 번째 화살을 맞아서 휘청거리는 본인에게 두 번째 화살을 쏘고 있으니! 안타깝다.

'내가 싫다. 나한테 화가 난다. 나 때문에 속상하다.'

　도대체 무슨 대단한 잘못을 했다고 쉼 없이 자기 자신에게 화살을 쏘는가? 삶이 주는 고단함도 모자라 스스로 쏘는 화살을 맞고도 꿋꿋하게 버티고 살아가는 자기 자신이 안쓰럽지 않은가? 선생님은 이미 아이들을 사랑하고 학급 관리를 잘 하고 있으며, 선생님으로 인해 행복한 아이들이 있다.
　"아이들을 통제하지 못하는 나한테 화가 난다" 대신 "너희들이 내 말을 무시하는 것 같아서 기분 나쁘고 화가 나. 너희들이 싫고 미워. 학교 오기도 싫어"라고 외쳐보시길. 욕을 해도 좋다. 가끔은 우리도 감정을 폭발하는 사람이어야 한다. 학생들을 위해 최선을 다한 자신을 위로하기 위해 학기말에 동료 교사와 맛있는 점심을 먹고, 자신을 힘들게 한 학생을 무사히 진급시킨 것을 축하하면서 옷을 사보자. 이것은 자신을 건강하게 위로하고 지지하는 반전이 될 수 있다. **학생들에게 시달리는 교사에게 필요한 것은 자책이 아닌 자기 자신을 챙기고 아끼는 마음이기 때문이다.**

아이들의 문제행동이 해결되지
않는 것도, 수업 태도가 나빠서 다른
선생님의 소리를 듣는 것도 내 탓이라는
생각이 들더라도 자신에게 화내지
마십시오. 아이들과 싸우는 것도 버거운
자신에게 너무 가혹하지 않습니까?
지쳐서 쓰러지더라도 다시 일어날
힘은 주어야죠. 다시 한 번 깊이 생각해
보십시오. 진정으로 그것이 선생님의
잘못인지.

04
학교가 재미있으면 좋겠어

"늘 똑같은 하루하루…. 종치면 수업하고, 집에 가기를 기다리고, 집에 와서도 별 일 없이 시간을 보내요. 삶의 활력소가 없는 것 같아요."

"학교에 오는 것이 부담스럽고 아이들에게도 별 관심이 안 간 지가 오래된 것 같아요. 딱히 무슨 일이 있었던 건 아닌 것 같은데…."

이 말을 하고 있는 선생님은 학교에서 학생들이나 동료 교사와 활발한 소통을 하지 않고 있을 가능성이 높다. 학교에 와서 습관적으로 수업을 하고 다시 집에 가서 무료하게 시간을 보냄으로 인해 삶의 활력소가 되는 생생한 감정이나 만남이 사라진 것이다.

이것의 원인은 **편향deflection**으로, 편향은 만나고 싶지 않은 사람이나 환경과의 만남을 피하거나 그 순간 자신의 감각이나 감정을 둔화시킴으로써 마음을 닫는 것을 말한다. 상대방의 눈길을 피하는 것, 듣기 싫은 말을 듣지 않고 딴 생각을 하는 것, 특정 대상에 대한 부정적이거나 긍정적인 감정을 회피하는 것 등이 편향에 속한다.

부담스럽거나 싫은 사람과 대화를 할 때 편향을 하는 사람은 핵심을 말하지 않고 빙빙 돌려서 말하고, 들을 때도 말하는 사람의 눈길을 피하거나 다른 짓을 하며 엉뚱한 질문을 한다. 편향이 심해지면 자신의 살아있는 감정과 에너지 또한 차단되어, 일상생활에 활력이 떨어진다. "사는 것이 재미없다"라는 말은 편향이 심한 사람들이 자주 하는 말이며, 다른 사람들로부터 "재미없는, 또는 유머감각 없는 사람"이란 소리를 듣기도 한다.

다음 선생님의 말은 교사가 하는 편향을 좀 더 정확하게 알 수 있게 해 준다.

"학생들에게 계속 잔소리와 훈계를 하고 있는 제 자신을 봐요. 듣는 아이들은 어떨지…. 그렇게 하지 않으려고 해도 잘 되지 않네요."

여기서 선생님은 학생들의 마음이나 기분, 감정 상태에 대해 말하지 않고 잔소리와 훈계를 하고 있다. 교사가 하는 잔소리나 훈계, 설교가 학생과 교사 간의 살아있는 만남을 가로막는 편향의 대표적인 예이다. 교사의 직업병이라고 할 수 있다.

교사들은 학생들과 이야기를 할 때 학생들에게 느끼는 불편한 감정 등 자신의 마음에 대해 말하지 않는다. 대신 아이들이 지켜야 할 규칙이나 상황이나 하지 말아야 할 것들, 즉 사실적인 정보나 지식을 주로 말한다. 감정 접촉이 없는 교사의 잔소리를 듣고 있는 아이들은 지루해질 수밖에 없다. 이런 상황을 반복하는 선생님 역시 생활이 재미없어진다.

교사의 편향은 관리자나 동료 교사와의 관계에서도 나타난다. 부정적인 마음을 표현하면 갈등이 생길 수 있고 불편한 관계로 이어지기 때문에 상황 그 자체를 편향시켜 버리는 것이다. 문제는 이러한 편향이 습관화되면 아무 표정이나 감정이 없는, 다른 사람과의 만남에 관심이 없는 사람이 된다. 표정이 굳어있는 많은 선생님들을 떠올려 보시길. 혹시 지금 선생님 자신의 모습은 아닌가? 그렇다면 지금 이 순간 미소를 지어보시길. 딱 3초만.

우리나라 사람들은 자신의 마음이나 감정을 솔직하게 표현하기보다는 에둘러 말하거나 말하지 않는 것을 선호한다. 특히 상대방에 대한 부정적인 감정을 표현했을 때는 대부분 차단당한다. 이러한 상황이 지속되면 자신을 드러내기보다는 피하게 되며, 자신의 감정을 들키지 않기 위해 인지적이거나 논리적인 말로 포장한다. 심지어 자신의 마음을 학생들에게 들키면 안된다는 생각까지 한다. 이런 상황에서 어떻게 교사가 학생들과 활기차게 만날 수 있겠는가?

이 글을 읽고 있는 지금 현재 학교생활이나 사는 것 자체가 재미없어서 웃을 일이 없다면 자신의 요즘 생활을 점검해 보시길. 꼴보기 싫은 누군가를 피하느라 마음을 소모하지는 않는지, 학생들에게 분통이 터지지만 애써 외면하지는 않는지, 관리자나 동료 교사의 말과 행동 때문에 상처를 받았는데도 아무렇지 않은 듯 넘어가지는 않았는지. 슬프게도 너무 익숙해서 기억조차 나지 않거나 아무 생각이 안 날 수도 있다.

학교에서 학생들에게 뭔가를 훈계할 때 아이들의 표정과 분위기를 살펴보시길. 그것이 과연 내가 아이들에게 하고 싶은 말인지, 학생들에게 잔소리를 하면서 기분이 어떤지, 왜 이런 말들을 계속하고 있는지, 내가 진정으로 하고 싶은 말이나 행동은 무엇인지. 아이들에게 말하고 있는 자신도 지루하고 회의가 든다면 듣고 있는 아이들은 미치기 직전일 것이다.

편향이 부르는 다른 부정적인 현상은 관리자나 동료 교사, 학생에 대한 뒷담화이다. 자신의 마음을 직접 표현하지 않음으로 인해 생긴 스트레스는 누군가를 비난함으로써 해소된다. 그러나 이것은 우리의 마음을 부정적으로 만드는 역할을 한다.

"그 샘은 수업 시간에 아이들에게 말을 함부로 해. 어떻게 그런 말을 해서 아이들에게 상처를 주는지 모르겠어."
"학부모들이나 교장 샘한테는 잘 보이려고 지난번 회의 때 하는 것 못 봤어? 진짜 재수없지!?"

내용의 사실 여부를 떠나서 뒷담화에는 말을 하는 사람이 그 사람에게 느끼는 화와 분노, 질투가 섞여있기 때문에 대상이 되는 사람의 실제 모습보다 더 부정적으로 비춰진다. 그렇기 때문에 뒷담화를 들은 사람이 그 사람에 대해 전혀 아는 것이 없음에도 불구하고 말한 사람보다 더 미워하게 되는 어처구니없는 일이 발생하는 것이다.

"그 애 좀 이상한 것 같아. 수업 시간에 가만히 앉아있지도 않고 얼마나 돌아다니는지 정신이 하나도 없어. 야단을 치면 책상을 치면서 더 소리를 내고 진짜 짜증나! 엄마랑은 통화도 안 돼."

학생을 비난하는 것도 마찬가지다. 그 아이가 수업 태도가 좋지 않거나 무례하고, 재수 없는 행동이 마음에 안 들어서 다른 선생님과 함께 씹고 나면 우리에게는 무엇이 남겠는가? '그 아이를 나만 잘 다루지 못하는 건 아니구나!' 하는 위로를 받을지는 모르지만 그보다 더 크게 그 아이를 다루지 못한 자괴감과 뒷담을 했다는 죄책감이 밀려온다. 무엇보다 나쁜 것은 그 아이가 보이는 행동의 원인에는 관심을 가지지 않게 된다는 점이다.

심리적으로 볼 때 뒷담화의 가장 나쁜 점은 대상의 단점이나 미운 점이 자신의 모습이라는 데 있다. 열등감을 가진 사람은 마음에 들지 않는 자신의 모습을 닮은 사람을 비난한다. 그래서 뒷담을 하면 할수록 무기력해지고 스스로의 단점이 더 부각되어 자신감이 없어지는 것이다. 자신에 대한 자존감이 강한 사람이 뒷담화를 잘 하지 않는 이유는 자신의 미운 부분을 수용하기 때문에 타인의 단점이나 약점이 문제로 보이지 않기 때문이다.

학생들로부터 사랑과 관심을 받기 위해 입에 발린 소리를 하거나 자신의 수업을 좋아하라는 말을 노골적으로 하는 선생님이 싫어 뒷담화를 하는 교사가 있다. 이 선생님은 학생들로부터 인정받고 싶은 마음이 그림자로 숨어있기 때문에 그 선생님을 싫어하는 것이다. 들키고 싶지 않은 자신의 마음을 그대로 닮은 상대 선생님의 모습이 당황스럽고 밉기 때문에 비난하는 것이다.

뒷담화를 하는 다른 이유는 타인에게 높은 기대와 기준을 설정해 놓기 때문이다. 기준에 도달하지 못하는 자신에 대한 불만뿐만 아니라 그 기준을 동료 교사나 학생에게도 적용시켜서 뒷담화로 풀게 되는 것이다. 왜 저 사람은 그만큼밖에 되지 못하는지, 왜 이런 걸 이렇게 하는지, 학생들에게는 왜 열심히 하지 않는지, 왜 승진에만 관심이 많은지 등 온갖 것에 불만을 가진다.

'바람에 휘어졌지만 잘 자라고 있는 나뭇가지를 보고 저것을 바로 잡아줘야겠다'는 생각을 하는 것은 사람뿐이라고 누군가 했던 말이 떠오른다. 상대방을, 나와 다른 행동이나 문화를 그대로 바라보고 수용하기보다는 자신의 뜻과 의지대로 바로잡아야 직성이 풀리는 것이다. 가르치는 것이 직업인 교사는 더 심하다. 동료 교사나 학생의 문제를 바로잡으려는 이유는 자기 자신에게 있다. 그건 나의 걱정과 불안이지 그 사람은 잘 살고 있을지도 모른다. 그 문제만 고치면 그 사람에게 불만이 없을 것 같지만 또 다른 문제가 생긴다.

뒷담화를 하고 싶을 정도로 싫은 사람이 있다면 그 사람이 싫거나 화가 나는 이유를 곰곰이 생각해 보시길. 만약 그 사람을 싫어하는 사람이 선생님 혼자라면 그것은 자신의 문제일 수 있다. 이때는 상대방과 이야기를 하면서 자신의 문제를 찾거나 돌아보면 된다. 그러나 열 명 중 여섯 명 이상이 그 사람을 싫어한다면 단언하건대 그 사람의 문제다. 그 선생님을 위해 용기를 내서 충고해 보시길. 처음에는 거부할지 모르지만 선생님의 솔직한 피드백을 감사하게 받아들일지도 모른다. 충고를 통해 자신의 모습을 발견하고 좀 더 성장할 수 있으니까. 그것마저 거부한다면 다음부터 그 사람과는 말을 섞지 마시길. 무시하는 것이 뒷담화를 하는 것보다 자신의 정신건강과 학교 분위기를 위해 백 배 더 낫다.

반대로 학생이나 학부모가 교사인 나에 대해 뒷담화를 한다는 걸 알게 된다면 어떻게 하는 것이 좋을까? 먼저 감정적인 충격에서 벗어나기 위해 스스로를 위로하는 것이 좋겠다. 그리고 나서 왜 아이들이 자신을 싫어하는지 살펴볼 일이다. 내가 교과 수업을 잘 가르치지 못하는지, 말투나 행동에 문제가 있는지, 성격이나 인간성이 나쁜지 등을 살피면서 이유를 찾아보시길. 이유가 분명하다면 고칠 필요가 있다. 많은 아이들이 싫어함에도 불구하고 잘못 봤다면서 항변하거나 억울해 하지 마시길. 그러니 사람들이 싫어하는 거다.

사실과 다르게 한두 명과의 갈등이나 오해로 빚어진 일이라면 그들과 이야기를 나누고 푸는 것이 좋다. 살다보면 서로 오해를 하는 상황은 언제나 발생하니까 너무 마음 상해하지 말고. 도저히 말이 안 통하는 사람이면 그냥 침묵하는 것이 낫다. 시간이 해결해 줄 것이다.

"학교에서 혹은 주위에서 아주 꼴 보기 싫고 만나고 싶지 않은 사람이 있는가?"

위 물음에 대한 답으로 떠오르는 사람이 있는가? 자신은 해당사항이 없다며 찾으려 하지 않거나 자신은 화를 내는 옹졸한 사람이 아니라는 이유를 대면서 자신의 감정을 피하지 마시길. 익숙한 대로 그 사람은 그럴 만 했다며 이해하는 척, 무심한 척 자신을 포장하거나 "상종 안하면 되지 뭐!"라는 말로 지금 현재의 분노 또한 피하지 마시길. 화가 나는 건 나는 거고 싫은 사람은 싫어할 만한 이유가 있기 때문이다.

사소한 것일지라도 학교에서 일어나는 기쁨이나 슬픔, 화남 등은 자신에게 중요한 감정이다. 자신에게 일어나는 마음을 피하지 않고 아이들이나 동료 교사, 학부모에게 표현하면 한결 가벼워지고 편안해질 것이다. 용기가 부족하여 표현이 어려우면 자신에게 일어나는 몸과 마음의 소리를 솔직하게 받아들여라. 피하는 것은 자신을 외면하는 것이다. 자신에게마저 외면 받으면 우리는 그 어디에도 마음 둘 곳이 없다.

많은 교사들이 학생을 차별하거나 편애해서는 안 된다는 생각을 갖고 모든 아이들을 똑같이 대하려 하고, 이 생각에 매여 힘겨워한다. 이들에게는 차별하지 않는 공평한 선생님이 되는 것이 중요하다. 미워하는 마음이 드는 아이라도 '그래도 아이를 미워하면 안 된다', '아이니까 그럴 수 있다'라는 생각을 한다. 그러나 모든 아이들을 똑같이 대하는 것 자체가 차별일지도 모른다.

대부분의 사람들은 성실하고 책임감 있으며 학교생활에 충실한 아이를 좋아하고, 반복적인 주의를 주거나 행동 교정에 대한 피드백을 줘도 변화가 없는 아이는 싫어한다. 다른 사람들이 그런 것처럼 교사인 우리도 후자 쪽에 속하는 아이는 그냥 싫어진다. 이는 교사를 무시하거나 안하무인으로 대하는 학부모나 자녀의 입장만을 내세우는 학부모를 만날 때도 마찬가지다. 그러지 않아야 된다는 걸 알면서도 그 부모의 아이까지 밉다. 이때 교사

들은 자신의 마음을 속이고 안 그런 척 마음을 포장하여 '편향'한
다.

    본심을 숨기고 싫어도 아닌 척 하는 것이 있는 그대로 미워
하고 싫어하는 것보다 훨씬 더 에너지가 많이 든다. 그래서 더 지
친다. 가장 좋은 것은 솔직하게 표현하는 것이다. 선생님이 느끼
는 싫음이나 미움을 다른 사람들도 느낄 수 있다. 곧 그것은 상
대방의 문제일 수도 있음을 의미한다. 선생님의 솔직한 마음 표
현이 상대방의 단점을 고쳐줄 수도 있음을 기억하되, 받아들이
지 않는다고 할지라도 너무 실망하지 마시길. 그건 그 사람의 몫
이고 자신의 단점을 충고해 주는 사람이 얼마나 고마운지 모르는
사람은 아직 변화의 의지가 없는 것이다.

    **그러나 해결되지 않은 나의 심리적인 문제 때문에 아이가 미운 것은
내 잘못이지 아이 탓이 아니다.** 이런 점에서 교사들은 자신의 학생관
이나 교육관을 끊임없이 점검하고, 자신을 업그레이드 해야 한
다. 또한 아이가 드러내는 행동 이면의 상처에 관심을 기울이고,
원인을 파악하고 통찰하는 눈을 길러야 한다.

슬픔이든 화남이든 짜증이든

감정은 소중하게 받아들이십시오.
내면의 감정을 무시하고 자신을 포장하기
시작하면 웃음기 없는 딱딱한 표정의
선생님이 됩니다. 지금부터라도 많이
웃으시길….

05

잘못한 것도 없는 나한테 왜 화를 내? 웃겨!

"하면 되잖아요! 금방 청소하려고 했다고요. 에이 씨. 다음부터
안 하면 될 것 아니에요! 다음부터 안 한다구요. 그러니까 이제
그만 해요."

아이들은 선생님에게 사사건건 대꾸하고 반항한다. 자신을
포함하여 세상 전체에 불만이 많은 아이들의 시도 때도 없는 분
노 폭발은 당연하다고 치더라도 어떤 선생님에게 특히 더 심하게
반항하는 아이들이 있다. 작년 담임에게는 그러지 않았는데 올
해는 그러는 이유가 학년이 올라가면서 힘이 생겼기 때문일 수도
있지만 담임에게 원인이 있을 가능성도 있다.

"제가 만만한가 봐요. 다른 과목 샘한테는 안 그러고 저한테만 그래요. 어찌해야 할지 모르겠어요. 억울하기도 하고."

이 문제를 풀 수 있는 열쇠 중의 하나는 상담 치료과정에서 나타나는 상담자와 내담자와의 전이 관계를 이해하는 것이다. **전 이transference**는 내담자가 중요한 타인에게 느꼈던 긍정적인, 혹은 부정적인 감정이나 환상 등을 상담자에게 푸는 것을 말한다. 학교에서는 학생이 자신에게 중요한 타인, 많은 경우 부모님에게 느꼈던 긍정적이거나 부정적인 감정, 기대 등을 교사에게 이동시키는 것으로 나타난다.

깨끗하게 책상을 정돈해야 한다며 잔소리를 하고 깔끔함을 강조하는 어머니 때문에 스트레스를 받는 아이는 교실 청소와 청결을 강조하는 담임을 싫어하고 어머니에 대한 분노를 담임에게 표출한다. 평소에 예의를 강조하고 바른 말 고운 말을 쓰라고 다그치는 어머니의 말을 듣고 싶지 않은 아이는 욕을 하지 말라는 담임의 말에 반항하고 보란 듯이 더 심하게 욕을 할 수도 있다. 어머니에게 느낀 짜증과 귀찮음, 화를 교사를 대상으로 푸는 것이다. 당연히 다른 아이들에 비해 강도가 강해질 수밖에 없다. 아버지의 폭행에 가까운 체벌을 두려워하는 아이는 남자 선생님을 무서워하여 위축되거나 반대로 강하게 반항할 수 있다. 아이들은 교사를 전이대상으로 삼음으로써 보다 강력하게 자신의 불만을 표출한다.

아이들의 반항이 모두 전이 때문은 아니지만 학생들과의 관계에서 일어나는 갈등이 교사가 아닌 학생 본인의 심리나 부모 관계에 기인할 수 있다는 점은 기억할 필요가 있다. 많은 선생님들이 생각하는 것처럼 일방적인 교사의 잘못이 아니라는 의미이다. 그러니 자학하지 마시길.

"선생님이 무섭게 하지 않으니까 선생님 반 아이들이 시끄럽고 사고를 더 많이 치잖아요! 좀 엄하게 하세요."

담임이 강하게 잡지 않아서 그 반 아이들이 문제를 일으킬까? 이 말은 어떤 부분에서는 맞는 말이다. 부모에 대한 분노 감정이나 반항심은 엄격한 교사에게 드러내지 못하기 때문에 마음은 부글부글 끓지만 외형적으로는 고요해진다. 교실에서 아이들은 선생님이 자신들을 편안하게 해주고 수용적일수록 본인의 모습이 있는 그대로 드러나도 내쳐지거나 억압당하지 않을 것이라는 것을 알기 때문에 더 자유롭게 행동하고 말한다. 학생 인권 차원에서 체벌을 금지하자는 의견이 이슈화되었을 때 반대를 한 가장 큰 원인이 이것 때문이었다. "아이들이 가만있지 않을 것이다, 교사는 이것도 저것도 하지 못할 것이다."

만약 학교가 학생의 행동을 통제하고 순응적이고 조용한 아이를 만드는 것을 목표로 한다면 엄격한 말이나 체벌로 관리하는 게 효과적이긴 하다. 교실 분위기와 교사가 부드럽고 수용적이면 아이들은 어른들에게 받은 스트레스를 풀고 성장으로 인한 불안이나 기존 체제에 대해 자기 목소리를 더 강하게 내려고 할 것이다. 그러나 교사는 학생이 성장 과정에서 겪는 어려움을 스스로 잘 극복하도록 돕고, 관계에서 일어나는 갈등을 현명하게 해결하면서 성장하는 존재이다. 이런 점에서 볼 때 학생들이 교사에게 하는 전이 또한 좋은 교육 자료로 활용해야 한다. 이를 바탕으로 교사에 대한 아이의 반항이나 관계 갈등에 대한 해결의 실마리를 찾을 수 있기 때문이다.

나를 싫어하거나 내게 반항적인 아이를 만나거든 거리를 두고 교사 자신을 돌보고 보듬는 시간을 가지고 나서 그 아이가 교사를 대하는 태도나 말투에서 숨어 있는 상처는 없는지, 어떤 이유로 그 아이가 나에게 대적하는지에 대해 관심을 가져야 한다.

좀 더 구체적으로 들어가서는 아이 어머니가 자주 하는 잔소리나 싫어하는 것은 무엇인지, 아버지가 아이에게 기대하는 것은 무엇이고 좋아하는 것은 무엇인지 등에 대해서도 알 필요가 있다. 아이와 이야기를 나누다가 자신이 싫어하는 선생님이 어머니의 모습을 닮았다는 것을 아이가 깨닫고 어이없어 한 경우도 있었다. 아이에겐 교사에 대한 자신의 분노가 어머니 때문이라는 것을 알게 되는 것만으로 충분하다.

이야기를 나누는 것은 교사에게도 도움이 된다. 아이가 싫어하는 부모의 모습과 자신의 어떤 점이 닮았는지 찾을 수 있고, 내 모습을 객관적으로 볼 수 있으며 고칠 수 있는 기회가 된다. 이렇게 할 때 서로의 상처를 푸는 방향으로 문제를 해결하고 성장할 수 있다.

교사인 우리는 그 아이를 위한다는 이유로 습관적으로 잔소리를 하거나 엄하게 한다. 학생들과 세상은 다 알지만 학교에 갇힌 우리만 모르는 답답한 원칙을 내세우면서.

"넌 무슨 변명과 핑계가 그렇게 많아! 시끄러, 조용히 있어!"

분명 잘못을 인정하지 않거나 사사건건 친구나 환경 탓을 하는 아이들이 있다. 습관처럼 자신의 문제를 수용하지 않는 아이들은 예외로 하고, 우리는 자주 아이들이 교사에게 하고자 하는 진심의 말을 변명이라고 단정 짓는 오류를 범한다.

교사인 우리에게 가장 중요한 것은 말을 하는 입이 아니라 아이들의 말을 듣는 귀이다. 아이의 말에 호응하거나 눈을 바라보면서 말을 잘 들어보시길. 듣되, 아이에 대한 자신의 마음을 개입시키지 않고 들어야 한다. 좋아하는 아이의 말은 쉬이 수긍하고 듣기 싫어하는 아이의 말은 감정적으로 거부하지 말아야 한다는 것이다. 들으면서 아이가 말을 통해 얻고자 하는 것은 무엇인지, 왜 그런 행동을 했는지 이유를 생각해 보시길.

학교 운영의 입장에서는 아이들을 효과적으로 통제하고 관리하는 것이 능력 있는 교사라는 평가를 할 수 있다. 그러나 아이들의 정신건강을 고려한다면 아이들이 자신의 욕구를 드러내지 못하고 통제당하는 것은 나쁘다. 누적된 감정은 적절하지 못한 곳에서 폭발하거나 눈덩이처럼 불어나서 정신병리가 된다. 지속적으로 엄격함의 이름으로 통제당하면 아이의 상처와 고통은 묻혀서 훗날 더 큰 문제를 일으킨다. 따라서 아이들이 강하게 자신의 욕구 불만이나 분노를 표출하는 것이 내면으로 가라앉히는 것보다 낫다. 부드럽고 여리며 수용적인 성격 때문에 선생님이 학생을 통제하지 못하는 능력 없는 교사라는 생각이 든다면, 선생님으로 인해 부모로부터 받은 스트레스를 풀고 분노를 표출하면서 정신적으로는 건강해지는 아이가 있다는 사실을 잊지 마시길.

때로는 아이들에게 규칙을 엄하게 적용하고 때로는 부드럽고 다정한 모습을 보이기 위해 교사인 우리는 또 어떤 노력을 해야 할까? 아무리 수용적인 교사라도 모든 상황에서 아이들의 부정적인 감정을 수용하고 위로하는 것은 불가능하다. 그러니 다 받아주지 못하는 자신을 탓하지 마시길. **교사에겐 아이들의 분노와 부정적인 에너지를 건강하게 받아들이고 그것을 정화할 수 있는 힘이 필요하다.** 교사 자신의 심리사를 새롭게 조명하거나 갈등의 원인을 찾고 위로하는 것도 이를 위한 방법이다. 일상의 스트레스 또한 해소되어야 한다. 심리적으로 건강하고 마음이 편안할 때 교사는 아이들에게 건강한 전이 대상이 될 수 있다.

전이는 가끔 학생 상호 간에도 일어나는데 동생이 잘못했는데도 부모에게 자신만 혼이 나거나 차별을 받은 아이는 학급에서 자기 것만 챙기는 친구를 만나면 그 아이와 사이가 나빠진다. 심할 경우 따돌림 문제로 이어진다. 유독 갈등이 있는 학급 아이들을 만날 경우 서로의 형제자매 관계를 파악하는 것이 도움이 된다. 아이의 행동에는 반드시 이유가 있다. 이유를 알게 되면 그 아이와 대적할 마음이 사라지고 안쓰러운 마음이 일어난다.

아이들은 교사가 권위적이거나 이해심이 부족할수록 더 강하게 반발하고 힘을 과시하려 합니다. 교사가 순하거나 여릴수록 아이들은 부모로부터 받은 아픔을 드러내면서 자신을 봐 달라는 아우성을 칩니다. 휘둘리지 않으면서 아이들의 폭발을 저항 없이 받아들일 수 있도록 내면의 힘을 키우십시오. 그 힘으로 아이들의 반항을 버텨내야 합니다.

06

받은 것 없이 좋고 주는 것 없이 싫어!

"선생님, 그 아이 너무 마음에 들지 않아? 너무 이쁘지! 하는 짓도 맘에 들고 발표할 때도 어찌나 정확하게 표현하는지."

"그 아이 너무 싫어. 그 반에 수업 들어가는 것도 짜증이 나. 사사건건 하는 말마다 시비 거는 것처럼 말하고 무서워."

교실에는 태도나 행동, 마음 씀씀이 등으로 인해 많은 교사들로부터 사랑과 관심을 받는 아이가 있는 반면 많은 교사들로부터 부정적인 평가를 받는 아이도 있다. 이것은 학교에서 일어나는 자연스러운 현상이지만 교사가 어떤 아이를 과도하게 좋아하거나 싫어하는 것은 문제가 된다.

이런 현상은 역전이로 설명할 수 있는데, **역전이counter-transference**는 전이와는 반대로 교사가 자신에게 중요한 타인에게 느꼈던 긍정적이거나 부정적인 감정, 기대 등을 학생에게 이동시키는 것을 말한다. 학생의 객관적인 상황이나 행동과는 별개로 교사들은 한 아이에 대해 좋은 감정을 혹은 부정적인 감정을 느끼는 것이다. 책임감이 없어서 어머니를 고생시키고 말만 번지르르하게 하는 아버지를 둔 교사가 맡은 일을 하지 않으면서 불평 불만을 말하는 학생을 미워하거나, 정리정돈을 깔끔하게 하는 어머니를 좋아하는 교사가 책상을 잘 정돈하는 아이를 좋아하는 것 등이 그 예이다.

한마디로 역전이는 어떤 아이는 받는 것 없이 좋고 어떤 아이는 주는 것 없이 싫어하는 것을 말한다. 좋아하거나 싫어하는 아이가 누구와 닮았는지 생각해 보면 선생님 자신의 생활과 연관이 있다는 것을 알게 될지도 모른다.

교사의 역전이는 자신의 심리사에서 해결하지 못한 문제가 있을 경우에 더 자주 학생들과의 관계에서 나타난다.

"그 아이의 어떤 점이 그렇게 마음에 들어?"

"적극적이고 활발하고 친구를 잘 사귀고 좋잖아!"

"그래? 그러면 내성적이고 친구를 못 사귀는 아이들은 좀 싫어하겠네!"

"그런 면이 있어. 큰 아들이 친구를 잘 사귀지 못해서 지난번에 왕따를 당했는데 정말 싫었어. 답답하고 자기 걸 챙길 줄도 모르고 바보 같아."

"친구를 못 사귄다기보다는 친구를 사귀는 데 오래 걸리는 것처럼 보이던데 그게 왜 그렇게 마음에 안 들어?"

"음…. 나도 그런 면이 있어. 예전에 학교 다닐 때, 그때의 나 자신이 너무 싫었거든."

싫어하는 자신의 모습을 닮은 아이를 만났을 때 불편한 마음이 올라오거나 짜증이 나는 이유는 해결되지 않은 자신의 문제 때문이다. 어떤 아이가 하면 별로 화가 안 나는데, 다른 아이가 하면 더 짜증이 나는 경우도 교사 자신의 미해결 과제와 연관되어 있을 가능성이 높다. 이때 교사들은 자신의 감정이 학생으로 인해 일어났는지 아니면 자신의 상처나 기억 때문에 일어난 것인지 탐색할 필요가 있다. 교사의 미해결 과제가 적을수록 아이들에게 상처를 주거나 상처를 받는 일은 줄어들고, 미해결 과제로 인해 일어난 자신의 역전이를 알게 될 때 아이들과의 갈등 또한 막을 수 있다. 스스로가 행복해지는 것은 물론이다.

**앞 장에서 말한 아이의 전이와 교사의 역전이가 맞부딪치면 교실 갈등
은 최고조에 달한다.** 대표적으로는 공부에 대해 끊임없이 잔소리를
하는 어머니에게 스트레스를 많이 받는 아이가 공부를 중요하게
생각하는 담임을 만났을 때, 무책임하고 폭력적인 아버지를 싫어
한 교사가 힘으로 친구들을 괴롭히면서도 자신의 잘못은 인정하
지 않는 아이를 만나는 경우가 그렇다. 두 사람 모두 1년 동안 서
로에게 생채기를 내면서 총성 없는 전쟁을 할 수밖에 없다.
　많은 선생님들이 힘들어하고 싫어하는 아이가 있었다. 매사
에 냉소적이고 시니컬한, 그래서 교사를 힘들게 만드는 그 아이
는 늘 비판적이었다.

"그 선생님이 왜 그렇게 싫으니?"
"지난번에 수업 시간에 다른 책을 읽고 있다가 들켜서 야단을
맞았는데 종례 시간에 담임이 그것 가지고 뭐라 하는 거예요.
그래도 참았는데 뒷날 국어 선생님이 수업 시간에 소설을 읽었
냐면서 거슬리게 말하는 거예요. 기분이 몹시 나빴죠. 제 이야
기를 교무실에서 떠들었다는 거잖아요!"

"그건 몹시 기분 나쁜 일이다. 그 선생님이 잘못했네. 찾아가서 말씀드리지 그랬니?"

"소용없어요. 말해 본들 뭐. 소용없을 거예요."

"해 보지도 않고 미리 안 될 거라고 생각하는 이유가 있어?"

"어른들은 늘 그러잖아요. 엄마도 그래요. 제 말은 아예 안 듣고 자기 말만 해요. 짜증나게. 말하지 않는 게 차라리 나아요."

"그렇구나. 엄마의 어떤 점이 또 마음에 안 드니?"

"지난번에 욕을 하고 대들었더니 온 동네 아줌마들한테 다 말한 거예요. 사람들이 절 이상하게 생각해서 나다닐 수도 없어요."

아이는 자신의 이야기는 전혀 듣지 않고 어머니의 입장에서만 말하고 야단치는 어머니를 통해 체념하는 것을 배웠으며, 다른 사람에게 미주알고주알 자기 욕을 하고 다닌 어머니가 너무 싫었던 것이다. 그 모습을 선생님이 똑같이 했으니 얼마나 밉고 화가 났겠는가? 아이에게 "엄마의 모습과 네가 싫어하는 선생님의 모습이 닮았네. 비밀을 지키지 않고 너에 대해 안 좋은 말을 하고 다니는 게"라고 말했을 때 눈을 동그랗게 뜨고 놀라는 표정을 지었다. "진짜 그러네요? 몰랐어요. 말도 안 돼"라고 혼잣말을 하면서.

다음은 이 아이와 부딪친 교사와 나눈 이야기이다.

"선생님. 그 아이의 어떤 면이 그렇게 싫어요?"

"글쎄. 뭐랄까? 설명을 하고 있으면 '내가 뭐 잘못한 게 없나!'하고 감시받는 느낌이 들어. 말을 조금만 잘못해도 막 따지고 그래."

"그러면 당연히 싫고 어떤 면에서 무섭겠다."

"응. 솔직히 말하면 무서워서 싫어."

"내가 보기에 그 아이가 조금 재수 없긴 하지만 무섭거나 하진 않는데 혹시 그 아이가 싫어하는 누구와 닮았어?"

"글쎄. 아버지가 아무 말씀도 안하고 계시다가 야단을 많이 쳤지. 그때는 무서웠지."

교사가 학생과 마찰을 빚는 데도 이유가 있다. 선생님은 사사건건 따지는 모습이 자신의 아버지를 닮았기 때문에 그 아이를 무서워했던 것이다.

교실에서 역전이를 줄이기 위해 교사는 자신이 좋아하는 아이들의 공통점을 찾고 그 이유를 알고 있어야 한다. 어떤 아이가 너무 밉고 쳐다보기도 싫을 때 그 아이에게서 벗어나서 왜 그 아이가 그토록 싫은지 원인을 찾아보아야 한다. 아이와의 갈등이 해결되지 않은 '나의 문제' 때문인지 '아이의 문제인지'에 대해 끊임없이 물음표를 던져야 한다. 관계 갈등이 일어났을 때 우리는 습관적으로 문제가 아이에게 있음을 탓하지만 자신에게도 원인이 있을 수 있다.

상담이나 심리를 공부할수록 학생이나 학부모와의 관계, 학교생활이 결국 자신의 문제임을 알게 된다. 그렇게 자신을 성찰하는 과정을 통해 교사로서, 인간으로서 성장의 길을 가게 된다. 그러나 그렇다고 모든 것을 자기 탓으로만 돌린다면 힘들어지고 사실도 아니다. 관계의 문제는 양쪽의 심리적인 기제가 부딪치는 경우가 많기 때문에 온전히 교사만의 문제가 아닌 경우가 많기 때문이다.

심리적인 것뿐만 아니라 자신의 교육관, 학생관 등에 대한 갈등이 일어나서 끊임없이 정답을 찾느라 고민하는 선생님들을 만나게 된다. 그렇게 고민과 갈등에 힘겨워하는 선생님들의 내면에는 늘 좋은 선생님이고자 하는 학생들에게 보다 좋은 교육을 하고자 하는 열정이 있다. 지금도 여전히 고민의 답을 찾고 있는 선생님들에게 응원의 박수를 보낸다.

교사와 아이들의 만남은 어려우면서도 참 신비롭습니다. 선생님이 보는 세상이 어둡고 힘들지라도 아이들이 보는 세계는 밝고 활기찰 수 있으며 그 반대인 경우도 있습니다. 아이들이 나와는 다른 세상을 산다는 것을 진정으로 인정한다면 선생님의 힘듦이 조금은 줄어들 것입니다.

3

학생 없는 교실을 꿈꾸다

학생 문제행동과 교사의 바운더리boundary

최근 들어 아이들의 문제행동이 "헐~"이라는 말이 저절로 나올 정도로 심각해지면서 교사들의 진을 빼고 난감하게 만들고 있다. 교실에서 학생의 문제행동을 맞닥뜨렸을 때 많은 교사들은 아이들이 드러내는 문제에 초점을 맞추는 경향이 있다. **그러나 최근 일어나는 학생의 문제행동들은 보다 다양한 관점에서 원인을 찾고 해결을 모색할 필요가 있다.**

한 아이가 수업 시간에 집중을 안 하고 친구들에게 말을 걸어 시끄럽게 하거나 자주 잔다. 그뿐만이 아니다. 친구들을 때리거나 돈을 뺏고 미안한 마음조차 없으며 야단을 치면 그때뿐이고 죄책감도 없으며 대들기도 한다. 가만히 두자니 다른 애들이 따라할 거 같아 걱정이 되지만 어떻게 해야 할지를 모르겠다.

여기서 먼저 관심을 두어야 할 곳은 수업 시간에 집중을 안 하고 친구들을 때리는 그 아이 자체이다. 학기 초부터 오랫동안 모든 수업 시간에 그랬다면 이 아이가 ADHD 경향을 갖고 있거나 공부 자체에 관심이 없기 때문이다. 그러나 특정 과목 시간에 집중을 하지 않거나 수업 내용을 이해하지 못해서, 또는 오늘 공부할 기분이 아니었을 가능성도 있다. 언제부터 무슨 이유로 문제행동이 시작되었는지, 일시적인지 지속적인 문제인지, 가족이나 친구와의 관계는 어떤지 등 아이 자체에게 집중하여 문제의 원인을 찾아야 한다. 표면적으로 드러나는 아이의 개념 없는 말투나 변화 없이 계속되는 행동, 미안함 하나 없는 뻔뻔함에 말려들어 감정싸움을 하게 되면 문제에 가려진 아이의 심리적인 특성을 파악하기 힘들다.

그 다음으로 학부모나 가정의 문제에서 비롯된 것은 아닌지 살핀다. 어제 집에서 야단을 심하게 맞아서 기분이 나쁘거나, 오늘 방과 후에 집에 가서 매 맞을 일이 걱정이 되어 집중을 못할 수 있다. 집에서 밤늦게까지 공부 하느라 놀 시간이 없고 스트레스를 받아서 학교에 와서 풀지는 않는지, 엄격한 부모가 무서워서 쉬지 못한 숨을 학교에서 쉬고 있는 건 아닌지, 경제적인 형편이 여의치 않은 부모의 스트레스가 아이에게 전해진 것은 아닌지, 부모의 잦은 다툼이 혹은 이혼 압박이 아이를 불안하게 만드는 건 아닌지 등 부모가 원인이 되어 이 같은 행동이 나타날 가능성을 생각해 보자.

심리적으로 건강하지 못한 부모들이 점점 많아지고 있다. 교사도 그런 부모와 간혹 만나면 엄청난 스트레스를 받는데, 매일 만나는 아이는 얼마나 괴롭겠는가! 부모의 정신적인 미성숙과 병리는 고스란히 아이에게 전해지고 그것은 다시 교실에서 그대로 드러난다.

그리고 살펴봐야 할 것이 교사 자신의 좁은 **바운더리**bound-ary, 즉 교사가 살아가는 세상이나 삶의 경계, 경험의 폭 때문에 문제로 보일 수 있다는 점이다. 수업 시간에 모든 아이들이 집중해서 설명을 들어야 한다는 생각으로 조금의 흐트러짐이나 소곤거림도 용납하지 못하는 건 아닌지, 가만히 앉아서 공부하는 것이 바람직한 태도이고 학생은 당연히 따라야 한다는 생각을 갖고 있지는 않는지, 자신의 수업을 듣지 않는 학생을 보면 스스로 능력 없는 교사라는 자책을 하는 스타일은 아닌지, 친구를 괴롭히거나 돈을 뺏는 행동의 원인을 모두 그 아이 잘못으로만 생각하는 건 아닌지 등을 고려하면서 자신이 가진 이해심의 넓이를 생각해 보자.

사람들은 자신이 경험한 삶을 토대로 바운더리를 형성한다. 모든 사람은 각자의 바운더리를 가지고 있으며 이는 그 사람의 삶의 방식과 생활, 인간관계에 영향을 미친다. 교사의 바운더리는 학생의 문제행동을 바라보는 관점이나 관계에 많은 영향을 준다. 바운더리가 좁은 교사는 학생을 자신의 좁은 기준에 넣고 판단하기 때문에 문제행동을 하는 아이들이 많다고 생각하는 반면, 넓은 바운더리를 가진 교사는 넓은 경계 안에서 학생의 행동을 바라보기 때문에 문제가 되는 행동이 많아 보이지 않는다.

'수업 시간에 집중을 해야 한다'는 바운더리를 가진 교사에게 산만한 아이들은 자신의 바운더리 밖에 있으므로 문제행동이 된다. 반면 '요즘 아이들은 산만한 특성을 가지고 있다'는 바운더리를 가진 교사에게 수업 시간의 산만한 행동은 크게 문제되지 않는다.

교사로서, 자신의 바운더리는 어느 정도의 넓이와 깊이를 가지고 있는가?

"제가 실업계 학교에 있을 때 마음에 안 들면 친구들을 불러다가 때리는 애가 있었어요. 담배를 피우고 술 먹고 길에서 엎어져 잔 적도 있는 아이니까 용납이 안 되죠. 말도 하기 싫고 열외로 제쳐뒀죠, 뭐! 보통 학생부에서 해결을 하고 처리를 하니까."

문제행동을 하는 아이는 자신의 영역이 아니고 구제불능이
므로 제쳐두고 착한 아이들만 수용한다면 바운더리가 좁은 교사
이다. 아이들의 행동을 착하고 못된 걸로 나눔으로써 그 아이가
왜 그런 문제를 보이는지에 대해서는 관심을 보이지 않게 된다.

"저는 문제학생의 범위를 행동반경이 좀 넓은 아이라고 규정짓
는데, 이거는 아이의 성장과정 중에 일어날 수 있는 한 가지 일
이다. 문제행동을 하는 아이가 있어도 그 행동이 다가 아니고,
상황은 어떤 것이든 변하는 거니까. 걔도 성장할 거고 성장하면
바뀔 거잖아요. 그래서 '내가 생각하는 이것이 정말 문젤까? 문
제행동일까?' 하는 생각도 들어요."

아이들의 문제행동이 성장하면서 변화가 가능하고 그 이면
에는 아이의 긍정성이 있음을 볼 수 있을 때 학생의 행동을 수용
하는 바운더리가 넓은 교사라고 할 수 있다. 교사의 바운더리가
넓어질 때 학생과 문제행동에 대한 이해심이 커지고 학생과의 갈
등이 줄어든다.

교사들은 착한 아이들을 좋아하고 격려하면서 착하다는 말이 가진 함

정을 놓치는 경향이 있다. 좀 더 깊이 들여다 볼 때 "착하다"는 것은 타인, 특히 부모나 교사의 말을 잘 따르고 시키는 대로 하며 유순하다는 의미이다. 착한 아이는 자신의 마음에 들지 않거나 불만이 있더라도 표현하지 않는 타인 중심의 삶을 살아간다. 어른들의 입장에서 착한 아이들의 삶은 아이의 입장에서는 그다지 행복하지 않은 경우가 많다.

"부모님이나 선생님께 착하다는 칭찬을 들으면 어떠니?"
"칭찬해주면 기분이 좋아요. 근데 자꾸 들으면 꼭 그대로 해야 될 것 같아요."
"무슨 말이야?"
"저보고 자꾸 착하다고 말하니까 하고 싶지 않은 게 있어도 참고하게 돼요."

부모나 교사의 틀 안에서 착하게 살던 아이는 사춘기가 늦게 오거나 갑자기 변하기도 한다. 이때 부모들은 아이의 변화에 적응하지 못하고 원인을 친구나 학교 등 외부에서 찾는다. 그러나 그것은 그 아이의 모습이며 부모들이 착하다는 함정에 아이를 가둬 두었기 때문에 다른 아이들에 비해 늦게 드러나는 것이다.
착한 아이로 자라 교사가 된 선생님들은 이런 하소연을 한다.

"말 그대로 시키는 대로 하는 말 잘 듣는 착한 아이였던 것 같아요. 그렇게 해야 부모님께 관심을 받고 선생님들도 늘 칭찬해주니까요. 부모님 뜻대로 교사가 됐는데 너무 답답한 거예요. 재미도 없고. 그렇다고 제가 뭘 원하는지도 잘 모르겠어요. 혼자 일을 떠안는 것도 짜증이 나는데 거절하지도 못하고. 착하게 살기 싫은데 이제 와서 변하기도 두려워요"

선생님에게 칭찬을 받는 어떤 아이는 위 선생님처럼 언젠가 자신의 살아가는 모습에 회의를 느끼게 될지도 모른다.

반대로 교사들에게 못됐다는 말을 듣는 아이들이 있다. 대체적으로 이 아이들은 공손함과는 거리가 있으며 자신의 생각을 말대꾸로 드러내고, 때로는 자기주장을 하면서 대든다. 이 아이들에게 주로 내려지는 평가는 "버릇이 없다, 대책 없다, 한심스럽다" 등 부정적인 말이다.

다른 사람들과 살아가기 위해 우리에게 필요한 것은 예의와 배려이다. 그러나 어린아이들이 예의가 바르고 배려심이 크기는 힘들다. 사람은 성장하면서 조금씩 타인을 배려하고 살피게 된다. 어릴 때는 이기적인 것이 당연하다. 교사들의 입장에서 못된 아이들은 미래가 걱정되지만 착한 아이들보다 더 행복하고 활기

찬 삶을 살 수도 있다. 하고 싶은 말을 자유롭게 하면서 억압해두는 분노나 부정적인 감정이 없기 때문에 정신적으로도 더 건강할 수 있다. 학생의 행동을 교사의 입장이 아닌 그 아이의 삶으로 뒤집어서 생각해 보면 보다 여유가 생기고 편안해질 것이다.

교사가 아이들을 단순히 착한 아이와 나쁜 아이로 나누지 않으려면 아이들과 많은 이야기를 나누어야 한다. **대화를 통해 표면적으로 보이는 행동 이면의 상처를 알게 되면 학생들의 행동 자체를 비난할 수 없게 된다.** 이 과정에서 학생에 대한 교사의 바운더리는 자연스럽게 넓어진다. 교사들은 아이들이 자신에게 말을 하지 않는다며 투덜거린다. 아이들이 교사에게 이야기를 하지 않는 이유는 자신의 바운더리로 아이를 평가하거나 비판하기 때문이다. 많은 선생님들은 아이의 감정을 따라가면서 맞장구치지 않고 교사의 입장을 이야기하거나 부모의 마음이 되어 그렇게 살면 안 된다는 잔소리를 반복적으로 한다.

학생들의 행동이나 심리 이해를 위한 공부를 하는 것도 바운더리 확장에 도움이 된다. 자신의 기준이 아닌 이론에 바탕을 둔 객관적인 잣대로 아이의 행동을 바라봄으로써 이해의 폭을 넓힐 수 있다. 교실에서 일어나는 아이들과의 좌충우돌이 나의 부족함 때문이 아님을 알게 되는 것만으로도 위로가 된다. 다른 선생님들도 나와 같은 갈등을 겪고 있다는 사실도 나를 안심시킨다.

또한 교사가 자신의 삶에서 경험하는 고통이나 분노, 행복과 즐거움을 수용하게 될 때 바운더리가 넓어진다. 교사들은 자신의 과거 삶, 특히 기억하고 싶지 않아서 제쳐 둔 심리사를 돌이켜 볼 필요가 있다.

"지나 온 심리사를 돌아보는 것이 익숙하지 않았어요. 근데 차근차근 돌아보니까 지금 제 모습에 영향을 끼친 사건들이 있었더라구요. 엄격한 아버지가 싫고 미웠는데, 요즘 제 모습 속에는 야단을 심하게 치는 아버지의 모습이 들어와 있었어요. 놀랐어요, 저도."

자신의 바운더리를 확장시키는 노력과 함께 기억해야 할 것이 있다. 문제행동을 하거나 도움이 필요한 아이에게 자신이 할 수 있는 모든 것을 다했는데도 변화가 없다면 한 발짝 물러나서 바라보아야 한다. 때로는 거리를 유지할 때 학생에게 변화가 일어나고, 교사 자신도 버틸 수 있다. 많은 교사들은 이를 포기라고 생각하지만, 이건 포기가 아니라 아이를 지켜보는 여유와 기다림이다. 아이들의 문제행동은 성장통이기 때문에 시간이 지나면 해결되는 것이 많다. 그러니 한 아이를 포기한다는 생각으로 자책하지 않아야 한다. 선생님은 이미 최선을 다했을 것이다. 그런데도 효과가 없다면 그 아이가 변화할 수 없는 상황이거나 시간이 필요한 것이다. 선생님의 능력 부족 때문이 아니니 아이들의 문제행동을 자신이 맡은 1년 동안 '완결'하려고 집착하지 마시길.

아이의 인생은 길고, 하나를 해결하면 또 다른 문제가 생긴다. 그 아이가 문제가 아니라 인간의 성장이 가진 변화의 속성 때문이다. 우리가 그랬던 것처럼, 아니 지금도 그런 것처럼 아이들도 이리저리 부딪치고 왔다 갔다 하면서 성장한다.

'내가 너한테 어떻게 했는데, 한 게 얼만데'라는 배신감이 들고 좌절할 수도 있다. 변화까진 바라지 않아도 관심을 기울인 만큼 마음이라도 받아주면 좋겠는데 그마저도 하지 않는다. 그건 어느 누구도 믿지 못하는 아이의 상처와 불신 때문이다. 그 아이를 안쓰럽게 바라봐야 한다. 선생님의 진심과 관심을 받아들이지 못할 정도로 그 아이가 받은 상처가 깊고 큰 것이다.

교사인 우리는 마음조차 받아주지 않는 아이에게 상처를 받고, 회의를 느낀다. 당연하다. 그래도 너무 실망하지 마시길. 선생님이 보기에 아무런 변화가 없어 보이지만 아이의 마음에는 선생님이 뿌린 씨앗이 자랄 준비를 하고 있다. 또 다른 선생님이 씨앗에 물을 주어 발아시킬 것이다. 아니면 어른이 되어서 스스로 발아할 수도 있다. 어느 쪽이든 선생님이 씨앗을 뿌려주지 않았다면 불가능한 일이다.

선생님의 마음을 몰라주는 미운 아이를 만나거든 이 아이도 선생님과 똑같이 살아가면서 삶의 슬픔을 겪고, 고통을 체험하는 과정에 있다고 생각하시길. 그 아이도 언젠가는 삶이 주는 교훈을 깨닫게 될 것이다. 시간이 한참 지난 뒤에 '그때 그 아이나 학부모에게 조금 담대하고 너그럽게 대했더라면, 아이들과 감정싸움을 하지 않는 게 좋았을 걸' 같은 마음이 일어나는 우리처럼.

문제행동을 하는 아이뿐만 아니라 학급의 다른 아이들에게도 천천히 성장하고 변화할 수 있도록 시간을 줄 필요가 있다. 상담 기간에는 아무 변화가 없던 아이가 몇 달 뒤 안정적으로 변해 있는 모습을 발견하고는 놀랄 때가 있다. 그 아이에게 필요한 것도 시간이었던 것이다. 교사인 우리에게 필요한 것은 아이들의 변화를 기다리는 여유지만 우리는 자주 아이에게 필요한 것이 시간이라는 것을 잊는다. 변화가 빨리 나타나기를 바라고 그렇게 되면 보람과 뿌듯함을 느끼지만 눈에 보이지 않을 경우엔 좌절하거나 자책하는 경향이 있다.

그러니까 아이가 자신의 가능성을 믿고 스스로를 개방하도록 기다려야 한다. 아이 스스로 성장할 수 있음을 믿어야 한다. 아이들의 성장은 서둘러서 되는 것도 아니고 강요해서 되는 것도 아니지 않는가? 아이들을 숙련시키려고 서두를 때, 우리는 아이를 야단치게 된다. 그럴수록 아이의 자발적인 성장 가능성은 감소된다. "아이 스스로 자라게 내버려 둔다"는 말은 방치하라는 말이 아니라 어른이 정한 틀이 아닌 성장의 자율성을 인정하라는 것이다. 그렇게 될 때 아이는 더 아이 자신에 가깝게 되고, 아이 자신의 길을 발견하게 된다. **조금 더 긴 안목을 가지자.**

"어떻게 하던 간에 애들을 넘겨주기 전 올해 안에 모든 걸 끝장을 보리라라는 마음에 늘 조바심을 냈던 거 같아요. 근데 요즘에는 올해 해결 안 돼도 '뭐, 애가 말썽은 부리지만 원래 마음은 그렇지 않겠지, 언젠가는 변하겠지 하는 마음으로 이해하려고 노력하는 거지. 어떤 아이라도 긍정적인 성장 가능성이 있지 않을까!'라는 생각을 하게 됐어요. 뭐 어떡하겠나, 아직 때가 아닌가 보지 뭐. 이게 내가 할 수 있는 최선인가 보다….."

하루를 마치고 잠들기 전에, 1학기를 마치면서, 1년을 마무리하면서 자신에게 어떤 위로와 칭찬을 하는가? 담금질만 하지 말고 아이들을 위해 좋은 마음으로 최선을 다한 자신을 격려하고 칭찬하시길. 선생님은 말도 안 듣고 때로는 안하무인인 아이들과 잘 지내고 있으며 가끔은 아이에게 변화가 일어나고 학부모들의 지지를 받기도 한다. 그러한 결과는 우연히 온 것이 아니라 충분히 노력했기 때문에 가능한 것이다.

스스로를 <u>　　　　</u> 부정적으로 판단하는
아이들이 자신을 받아들일 수 있도록
교사인 우리는 아이가 바라보는 것과
다른 눈으로 그 아이를 볼 수 있어야
합니다. 그러기 위해 필요한 것은
아이들의 삶에 진지한 관심을 가지고
감동할 수 있는 능력입니다.

02

반항을 대하는 교사의 자세

요즘 아이들이 부모와 교사에게 반항하는 시기가 빨라지고 있다는 것은 스트레스를 받는 아이들의 연령이 낮아지고 있음을 의미한다. 아이들은 성적에 대한 스트레스나 공부에 대한 짜증, 놀지 못하는 것에 대한 억울함 등을 가지고 있다. 집에서 공부를 강요하는 어머니에 대한 분노나 행동이 바르지 못하다는 이유로 자신을 때리는 아버지에 대한 분노가 있다. 그렇지만 많은 아이들은 부모에게 사랑받지 못하게 될까 두려워서 이의를 제기하지 않고 말없이 순종하며 교사의 지시나 통제에도 반항 없이 따른다.

자신의 생활에 순응이 지배적인 아이들, 즉 자신의 색깔을 내지 않는 아이들은 자신이 책임지는 것을 두려워하고 스스로 뭔가를 하지 못한다. 지시를 받는 주어진 일은 잘하지만 지시를 따르지 않으면 허전하고 명령을 내려줄 누군가를 필요로 한다. 시키는 대로 하는 것이 익숙하기 때문이다.

이렇게 감히 부모를 거역하지 못하는 아이들은 자신의 관심사와 활동을 추구하고 펼칠 기회를 주지 않는 부모에게 소극적으로 반항을 한다. 부모의 지시에 늑장부리며 대응하거나 "할게요"라는 대답을 하고는 꾸물거린다. 때로 아이들은 형편없는 성적을 받아오거나, 어머니가 싫어하는 것을 몰래 함으로써 약을 올린다. 이러한 아이의 반항은 부모의 더 강한 명령과 화를 부르는데 그러면 다시 아이는 보다 소극적으로 반항한다. 이 과정에서 아이는 어른의 압력으로부터 잠깐 벗어나고 힘들어하는 어른을 보면서 쾌감을 느낀다. 이를 수동공격적인 심리라고 한다.

많은 아이들은 학교에서도 어른에게 대적하기는 무섭기 때문에 소극적으로 반항하면서 교사의 말을 듣지 않는다. 자신의 힘이 강해지면 혼자 반항하고 대들겠지만 힘이 약하고 두려움이 있기 때문에 집단으로 덤비는 것이다.

"도대체 내 말을 뭘로 듣는 거야? 어제 분명 약속했잖아. 오늘은 지각 안 하기로."

아이는 애초부터 교사의 골탕을 먹일 작정이기 때문에 교사가 싫어하는 지각을 반복적으로 하면서 교사의 분노를 높인다. 교사의 말을 듣지 않고 형식적인 말로 약속을 하는 아이도 수동공격을 쓸 확률이 높다. 수동공격적인 반항은 아이가 일부러 하기도 하지만 무의식적이고 습관적으로 일어나기 때문에 본인이 모르는 경우도 많다. **상대방에 대한 미움이나 분노가 많은 아이일수록 보다 교묘하게 수동공격적인 반항을 한다.**

"공부하고 싶은 마음은 있니?"
"열심히 하는데 성적이 잘 안 나와요."
"머리가 나쁜가? 엄마가 성적에 민감하니까 일부러 딱 그만큼만 공부하는 거 아냐?"
"어떻게 아셨어요? 엄마한테 복수하고 싶어서 조금만 해요."

직접적인 반항을 선호하지 않는 우리 문화에서는 교사들도 수동공격적으로 반항하거나 복수한다. 관리자를 싫어하는 교사가 회식에 가지 않겠다는 말은 하지 못하고, 할 일이 있다면서 교무실에 늦게 까지 남아있거나 싫어하는 교감이나 학부모와의 약속을 잊어버리는 것 등이 그 예이다. 학교 관리자에 대한 불만이 높으면 대부분의 교사가 수동공격을 하기 때문에 학교 분위기가 나빠진다. 수동공격을 쓰는 선생님은 상대방과의 껄끄럽고 불편한 관계를 순간적으로 모면하거나 힘든 일을 피할 수 있지만 자신의 불만이나 감정을 건강하게 풀지 못하게 된다. 의도적으로 혹은 자신도 모르게 이 패턴을 반복적으로 쓰게 되면 동료 교사와 학생들의 신뢰를 잃게 될 지도 모른다.

한편 많은 아이들은 직접적으로 교사에게 대들거나 욕을 하는 등 적극적으로 반항한다. 이것은 어른에 대한, 교사에 대한 예의를 강조하는 학교에서 교사인 너와 대적하겠다는 의미이기 때문에 위험 부담이 있어서 힘 있는 아이만이 시도할 수 있다. 이런 점에서 적극적인 반항은 긍정적이라고 볼 수 있다.

교사들은 아이들이 적극적으로 반항을 할 때 행동 자체를 나무라거나 예의를 운운하면서 야단을 친다. 잔소리를 하면서 야단을 치면 아이들은 짜증이 나서 더 반항하고 이것은 다시 교사를 자극하여 더 화나게 만든다. 화가 난 교사는 아이를 때리거나 심한 꾸중을 함으로써 다시 아이의 반항심을 자극한다. 이렇게 시작도 끝도 없는 싸움이 이어진다.

아이들이 반항을 할 때 교사가 할 수 있는 최선은 그 순간 기분이 나쁘고 화가 나더라도 가만히 지켜보는 것이다. 시간이 지

나면 아이의 짜증과 화가 가라앉아서 교사의 말을 들을 여유가
생긴다. 그러나 이것은 궁극적으로 교사가 가야 할 길이지만 현
실적으로 성인군자가 아닌 이상 한계가 있다.

다음으로 생각해 볼 수 있는 것은 아이와 직접 싸우는 것이
다. 아이의 반항에 교사가 직접 맞닥뜨리면 갈등이 첨예화되어
스스로 힘들어진다. 그러나 아이 입장에서는 자신의 힘을 찾아
가는 반항을 마음껏 할 수 있다는 장점이 있다. 자기가 하고 싶은
대로 마음껏 싸우고, 세상에 대한 불만을 실컷 표출하고 나면 아
이는 마음의 안정을 찾는다. 교사와의 싸움에서 독립할 수 있는
힘을 키운 아이는 성장에 대한 두려움을 보다 빠르게 극복할 수
있다.

아이와 잘 싸우기 위해서는 교사에게 요령이 필요하다. 아이
의 반항에 자신의 솔직한 감정을 표현하는 것이다.

"선생님 때문에 열 받아요. 우이 씨…."
"나는 너 때문에 늘 기분 좋은 줄 아니? 네가 짜증날 때 널 때리
고 싶어. 나도 오늘은 완전 열 받는다."

이렇게 싸우는 것이 "너 선생님에게 말버릇이 그게 뭐야? 예
의 바르게 행동하랬지? 욕하지 말랬지?"라고 꾸짖는 것보다 낫

다. 잔소리가 아닌 솔직한 감정싸움이 더 도움이 된다. **싸움이 계**
속되면 '얘가 도대체 왜 이러나? 내가 교사로서 자질이 있나?'라는 의문이
생길지라도, 아이가 하는 어떤 반항에도 흔들리지 않는 버팀목이 될 필요가
있다.

상담에서는 상담자가 내담자에게 '충분히 좋은 엄마'의 역할
을 하라고 한다. 내담자가 어떤 말이나 행동을 하더라도 든든하
게 버텨주는 사람이 되라는 말이다. 교사도 반항하는 아이들에게
잘 버텨주는 사람이 되어야 한다. 그래야 아이들이 분노를 풀고
자신을 찾아갈 수 있다. 물론 당하는 교사는 죽을 맛이고 웬만한
내공이 없으면 미쳐버린다. 따라서 교사들에게 필요한 것은 강한
내공이다.

어떤 교사들은 반항하는 아이의 눈치를 보거나 상처받을까
봐 저자세를 취하고 감정에 호소한다. 이것은 독립성을 찾아가는
아이를 짜증나게 하거나 죄책감을 갖게 만든다. 반항은 부모와
교사, 기존 사회의 가치관에 반하여 자신의 색깔을 찾으려는 적
극적인 행동인데, 죄책감은 이를 멈추게 한다. 그리고 죄책감이
반항심보다 커지면 아이는 자신의 욕구와 감정을 차단하고 어른
의 뜻에 맞춰 살아가는 착한 아이가 되어 자기 목소리를 내지 못

하게 된다.

부모나 교사에게 일어나는 화와 죄책감 사이에서 성장이 멈춘 아이들은 심리병리적인 문제를 가지기도 한다. 부모나 교사의 저자세는 가끔은 아이의 화를 자극하여 더 심한 반항의 빌미를 제공하기도 한다. 반항의 도가 지나쳐 부모나 교사에 대한 공격성으로 변질되고 감정을 전혀 통제하지 못해 안하무인이 될 가능성도 있다.

자신이 반 아이의 행동에 눈치를 보거나 위축된다면 그 이유를 잘 생각해 보시길. 아이들에게 왜 주눅이 드는지, 무엇이 무서워서 망설이는지, 그것은 선생님의 학교생활에 어떤 영향을 미치는지.

교사가 학생의 반항을 대할 때 어떤 선택을 하던 그것은 최선이겠지만, 자신의 방식이 아이의 성격에 효과적인지 살펴볼 필요가 있다. 활동적이고 당찬 아이의 반항에는 교사가 적극적으로 대항하여 되받아쳐 주는 것이 좋다. 강한 아이에게는 보다 적극적으로 맞서야 한다. 이런 아이들은 반항을 함으로써 자신의 힘으로 독립할 기회를 찾는다. 교사가 눈치를 보거나 주저하는 것은 화를 더 자극할 수 있다. 반항의 정도가 너무 심하여 감당하기 힘들 때는 다른 원인이 있을 가능성이 있으므로 전문적인 도움을 받는 것이 좋다.

반대로 심성이 여리고 온순한 기질의 아이들은 교사의 말을 잘 따르기 때문에 가끔 반항을 한다. 이때 심하게 제지하거나 눈치를 보게 하면 안 된다. 이 아이들에게는 반항을 부추겨서 자신의 힘을 찾도록 도와야 한다. "믿었던 네가 이런 행동을 하다니 실망스럽다!"라는 말은 기껏 살려놓은 아이의 힘을 빼앗는 것이다. 다시 착한 학생은 되겠지만 홀로서기는 요원해진다.

반항은 빨리 할수록 아이와 부모, 교사 모두에게 좋다. 반항이 늦어질수록 누적된 강도가 심하기 때문에 주위 사람은 힘들어진다. 초등학교 때 반항하지 않으면 중학교 때, 아니면 고등학교 때 그것도 아니면 대학생이나 결혼으로 문제를 일으킨다. 높은 학년이 되었을 때 반항을 시작하면 감당하기 힘들다.

아이들이 반항을 하는 이유가 교사를 무시하거나 자신에게 문제가 있다고 생각하는 선생님들이 있다. 그러나 많은 아이들은 자기의 성질에 겨워서 또는 자신의 힘을 찾고 싶은 마음에 반항을 한다. **아이가 대드는 것은 교사에게 자신의 목소리를 내고 싶어서 그러는 거니까 아이들과 보다 치열하게 자주 싸우시길.**

교사에게 반항을 하는 이유가 단지 어른을 싫어하기 때문일 수도 있다. 이 아이들은 인간에 대한 신뢰가 아주 약하므로 마음을 열지 않고 끊임없이 반항한다. 아이들이 퉁명스럽거나 공격적인 말을 해도 너에게 관심이 있다는 것을 알리고, 짜증을 내더라도 받아주는 것이 좋다. 애정에 기반을 둔 교사의 관심을 처음에는 받아들이지 않지만 조금씩 마음을 열어간다. 염두에 두어야할 것은 교사가 아이의 행동을 수정하려고 강하게 통제하면 관계형성에 실패하게 된다는 점이다. 그 결과 담임은 아이에 대한 통제권을 상실할 뿐만 아니라 공격의 대상이 되고, 문제행동은 더심각해진다.

담임의 화를 자극하여 자신에게 화를 내도록 자극하는 아이들의 마음에는 '난 쓸모없는 존재'라는 생각이 자리 잡고 있다. 무의식적으로 자신을 함부로 대해주기를 바라는 마음을 담임에게보낸 뒤, 담임의 분노나 짜증을 유발시키려 한다. 이때 아이들의무의식은 '거봐! 난 쓸모없다니까!'라는 말을 확인하고 싶어 한다.아이의 이러한 무의식적인 메시지에 말려들면 전쟁에 가까운 싸움을 해야 한다. **말려들지 않으려면 끊임없이 '넌 괜찮은 아이'라는 메시지를 줘야 한다.** 말은 쉽지만 실천은 아주 어렵다.

"반항하는 아이들을 보면 저를 무시하는 느낌이 들어요. 어떻게 교사에게 대들 수가 있어요. 눈만 부라리는 것이 아니라 요즘엔 욕까지 해요. 욕은 도저히 용납할 수가 없어서 반성문 쓰게 하고 벌점을 주었는데도 끝까지 사과는 안하더라구요. 순간 허무하다는 생각이 들었어요. 내가 지금 이러려고 그 어려운 시험 치고 학교에 온 게 아닌데… 하는…. 집에 와서 얼마나 울었는지 기억하고 싶지 않네요. 지금도 이야기를 하면서 너무 화가 나요….”

교사들은 반항이 감당하기 어렵고 문제라고 생각하기 때문에 반항할 때 속상해하고 그것을 제지하려고 한다. 요즘은 반항하는 방법이 지나쳐 교사에게 욕을 하는 일도 비일비재하다. 이때 교사가 받는 상처는 상상을 초월한다. 학교에 다니면서 반항을 한 경험이 적은 교사일수록 아이들의 반항에 더 힘들어한다.

교사 입장에서 반항은 힘든 과제지만 반항은 아이가 성장하면서 일어나는 자연스러운 현상으로, 자신의 힘과 생각, 감정을 밖으로 드러내는 것이므로 건강하게 받아주고 적극적으로 대응해 주어야 한다. 때에 맞는 반항은 부적절한 방법으로 타인을 공격하거나 속으로 삭이면서 마음이 피폐해지는 최악의 상황을 막아 준다.

심리적으로 볼 때 아이가 교사에게 자신의 의견을 강하게 주장하는 것은 건강하다는 증거이다. 교사와의 싸움을 통해 화를 푼 아이들은 언제 그랬냐는 듯한 표정으로 즐겁게 생활한다. 아이들이 대들거나 반항을 할 때 마음껏 자신의 존재를 드러내고 내면의 힘을 키우도록 권위나 힘으로 누르지 마시길. 힘으로 제어하면 그 순간 아이의 문제가 해결된 것처럼 보이지만 잠깐 멈췄을 뿐이며, 반항을 이기기 위한 폭력은 더 강한 분노와 저항을 부른다.

교사와 학생이 싸우고 있을 때 위험한 상황이 아니라면 다른 선생님은 개입하지 않아야 한다. 다른 교사가 끼어들어 그 아이를 야단치는 것은 관계를 더 악화시킬 뿐이다. 두 사람에게 일어난 갈등은 당사자끼리 해결해야 한다. 오지랖 넓게 끼어들지 마시길. 다툼이 있다면 싸워야 할 이유가 있는 것이다. 건강하게 싸우고 나면 해결될 상황인데 3자가 끼어들어 문제를 더 꼬이게 만들 수 있다. 다른 선생님에게 들은 이야기를 바탕으로 아이를 야단치는 것 역시 마찬가지다.

교사인

우리가 아이들이 어떤 반항을 하든 받아주는 충분히 좋은 엄마의 역할을 할 수 있다면 아이들은 우리를 통해 분노를 해소하고 성장할 것입니다. 아이들의 든든한 버팀목이 되기 위해 우리는 먼저 어떤 삶의 풍랑도 묵묵히 견뎌낼 수 있는 스스로의 버팀목이 되어야 합니다. 내면이 건강한 선생님이 되시길….

03
교사의 완벽주의와 아이들의 낮은 자존감

어떤 교사들은 성공한 지식인으로서 완벽주의와 강박적인 경향이 있다. 외형적으로 예의바르고 교양 있으며, 무슨 일이든 열심히 하고, 학급 아이를 위해 최선을 다하고 그것이 옳다는 생각을 한다. 완벽주의를 추구하는 교사들은 자기에게 맡겨진 일은 책임 있게 완수하지만 아이들도 자신의 관점에서 완벽하게 해 주기를 바라고 규칙도 꼭 지켜야 한다고 생각한다. 자신이 융통성과 유연함이 부족하여 완벽하게 일에 집착한다는 걸 알지만 어쩌지 못해 스스로 스트레스를 받는다.

이들은 자신이 요구하는 것을 성취했을지라도 보다 높은 기준을 제시하여 "더 열심히 잘해야 한다"는 메시지를 준다. 인정받으려는 아이의 욕구를 좌절시킴으로써 아이가 자신이 부족하다는 생각을 하게 만든다. 이런 선생님들은 아이들과 친밀한 관계를 맺는 것을 낯설어 한다. 또한 아이들에게 웃어주거나 신체 접촉을 하는 등 애정 표현을 잘 하지 않는다. 다른 사람들과 따스함이나 감정을 교류한 경험이 부족하기 때문에 이들은 자신의 감정을 자각하고 표현하는 데 어려움을 겪는다. 이 유형의 교사들은 일을 제대로 완수하고 규칙을 엄격히 지키기 위해 아이의 마음이나 감정은 깊이 고려하지 않을 때가 많다.

완벽주의 경향의 선생님은 학급 아이 하나하나를 챙기고 학부모와도 소통을 잘하기 위해 편지를 쓰거나 전화를 하며, 학교 업무도 잘해야 한다는 마음으로 열심히 한다. 힘들고 피곤하지만 자신이 해야 할 의무이고 책임이니까 집에 가서도 학교 일을 한다. 문제는 다른 누구보다 열심히 하면서도 정작 본인은 뭔가 부족하다는 생각으로 늘 불만족스럽고 행복하지 않다는 데 있다.

동료 교사나 학부모로부터 칭찬을 들어도 완전히 수용하기 어렵고 진심이 아닌 것처럼 느껴질 때도 있다. 어릴 때부터 칭찬보다는 요구와 기대를 주로 받았기 때문이다. 아이들 역시 선생님의 요구가 많은 것에 숨 막혀 하고, 모든 것을 들어줄 수 없기 때문에 힘겨워 한다. 틀에 넣으려는 교사의 의도를 알아차리고 심하게 반발하기도 한다.

선생님이 완벽주의 경향이 있다면, 잘해야 된다는 강박관념 없이 현재 시간을 그대로 즐길 수 있는 여유를 가져 보시길. 자신이 가지고 있는 강박적인 생각을 적거나 말해보는 것도 좋겠다. 모두 다 잘하지 않아도 괜찮고, 지금으로도 충분하다. 그리고 자신이 가진 비합리적인 신념을 스스로 논박하는 것도 도움이 된다. '나는 뭐든지 잘해야 한다'는 생각을 '나는 뭐든지 잘하고 싶다'로, '아이들은 편애하면 절대로 안 된다'를 '아이들을 공평하게 대하고 싶다'로 고치면 조금은 가벼워질 것이다.

"완벽한 교사여야 한다. 잘 가르쳐야 한다는 욕심으로 애들에게 많은 걸 했어요. 아이들을 들들 볶았던 거죠. 애들한테는 무조건 해줘야 한다는 생각으로 안하면 미안했거든요. 나이가 들면서 힘이 빠지니까 이것도 안하고 저것도 안하게 되더라고요. 근데 아이들의 만족감이 떨어지진 않았어요. 저 혼자 많이 힘들었던 거죠."

요즘 아이들이 자신에 대한 존중감이 낮다고 하면 의아해 하는 선생님도 있을 것이다. 아이들이 잘난 척 하거나 자신만만해

보이는 모습을 보면 자존감이 높은 것처럼 보이지만 깊이 들여다
보면 아이들은 스스로에 대한 존재감이 없으며, 내면에 기죽은
아이가 있다. 그 원인의 핵심에는 부모가 있다. 부모로부터 인정
과 사랑, 존중을 충분히 받은 아이는 건강하고 밝으며 자신에게
당당해지지만 많은 경우 부모들은 자신의 문제에 빠져있기 때문
에 충분한 사랑과 인정을 주지 못한다.

　아이들은 스스로 무엇인가를 알아내고 성취하면서 기쁨을
느끼고 자신이 도전하고 성취한 것에 대해 인정을 받으면서 자신
을 긍정적으로 지각하고 자신감을 갖게 된다. 그러나 요즘 아이
들은 스스로 도전하고 성취할 기회를 갖기보다는 좋은 대학을 가
야 한다며 유치원 때부터 스펙을 쌓게 하고, 인맥 관리를 위해 폭
넓게 친구를 사귀도록 하는 등 부모가 아이를 조정하고 관리한
다. 이 과정에서 기대 수준이 높은 부모들이 늘 부족한 부분을 말
하기 때문에 아이들은 자신을 낮게 평가하고 부정적으로 가치 판
단하며 낮은 자아개념을 갖게 된다.

　자녀의 성격 또한 부모들 자신이 원하는 모습이길 희망한다.
내성적인 아이에게는 활발함을, 활발한 아이에게는 차분함을 기
대한다. 그들은 사과의 맛을 가진 아이가 조금만 노력하면 포도
가 될 수 있다고 한다. 사과인 아이에게 포도의 외형과 맛을 바라
는 것 자체가 불가능하다는 것도, 아이가 사과인 것이 왜 문제인

지, 포도가 되어야 하는 이유가 무엇인지 의문을 가지지 않는다. 이 모든 것이 아이의 행복한 미래를 위해서라고 한다. 부모들이 아이들에게 요구하는 그것이 진정 아이들의 미래를 행복하게 해 줄 수 있을지는 의심스럽다.

더욱 나쁜 것은 사과인 아이에게 포도인 다른 아이의 장점을 말하면서 끊임없이 비교하는 것이다. 비교당할 때 아이는 사과인 자신의 장점마저 망각하고 자존감을 잃게 된다. 부모들은 사과가 새콤하고 달콤한 맛을 내는 것은 당연하기 때문에 칭찬할 필요가 없고 포도주를 만들 수 있는 포도를 닮으라고 한다. 사과인 아이가 왜 포도를 닮아야 하는가? 닮을 이유도 없지만 닮는 것 자체가 불가능하다. 부모들은 자신의 아이가 포도가 되려는 노력을 하지 않는다며 불만을 터뜨린다. 그러면서 사과에게 포도를 기대하는 자신의 문제는 모른 척 한다.

불가능한 부모의 기대를 충족시키느라 스트레스 속에서 힘겹게 살아가는 아이들에게 교사 역시 쉴 시간을 주지 않는다. "차분하게 공부하자. 쉬는 시간에는 뛰지 말고 책을 읽자" 등 끊임없이 요구한다. 부모와 교사의 등쌀에 아이들은 집에서도 학교에서도 존재 자체로 존중받지 못한다.

부모의 요구에 지친 아이들의 자존감을 높이는 좋은 방법은 교사의 칭찬이지만 완벽주의 경향으로 스스로를 낮게 평가하는 교사들은 아이들의 장점 또한 찾기 어렵다. **그 아이가 칭찬할만한 점이 없어서가 아니라 교사의 눈에 장점이 보이지 않는 것이다.** 교사들도 부모와 마찬가지로 학생을 받아들이고 칭찬하기보다는 보다 높은 기준을 제시하여 "더 열심히 해야 한다"는 메시지를 준다. 교사가 높은 기대를 가지고 아이들을 바라보면 아이의 잘한 점을 인정하기보다는 잘하지 못한 부분에 초점을 맞추게 된다. 그러면 교사의 사랑을 받기 위해 애쓴 아이들은 자신이 부족해서 칭찬받지 못했다고 인식한다. 상황이 반복되면 아이는 자신을 인정하지 못하고 스스로를 존중하지 않게 된다. 자존감이 낮은 아이들은 혼자서 도전하거나 활동하는 것을 두려워하고 건강하게 독립하지 못한다.

우리는 교실에서 강점을 강화하기보다는 단점을 지적해서 고치려는 경향이 강하다. 그런 이유로 교사들은 칭찬을 잘 하지 않는다. 이러한 교육의 현실을 잘 드러내는 대표적인 말이 '노력'이다. 교사들이 좋아하는 노력이란 말은 긍정적인 뜻으로 해석되지만, 뒤집어 보면 노력은 지금 모습이 미완성이거나 불만족스럽다는 것을 의미한다. 노력해야 하는 이유는 지금의 내가 부족하기 때문이다.

　오랜 세월 상담과 심리치료의 목적 또한 개인의 심리 문제를 치료하는 것이었다. 최근 이에 대한 의문을 제기하면서 개인의 건강하고 긍정적인 측면을 강조하자는 흐름이 있다. 그 힘을 바탕으로 심리 문제를 예방하거나 문제를 치료할 힘을 갖게 해 주자는 것이다. 상담하러 온 아이에게 문제행동에 대한 비판보다는 장점을 칭찬하거나 나아진 점을 찾아주면 더 빠른 변화를 보인다. 늘 행동에 문제가 있다는 피드백이나 꾸중을 들으면 그것에 매몰되어 아이는 계속 문제를 일으키지만, 자신의 숨은 장점을 인정해 주면 변하고 싶은 의욕을 보인다. 선생님도 학부모나 학생, 동료 교사로부터 칭찬을 받으면 쑥스럽지만 기분이 좋아지고 좀 더 열심히 하고 싶은 의욕이 강해짐을 느낄 것이다. 우리가 이럴진대 아이들은 오죽하겠는가?

　아이들은 교사로부터 인정받고 싶어 한다. 교사가 칭찬과 지지로 아이의 장점을 키워주면 내면에 있는 인정받고 싶은 욕구를 자극하여 자신감을 생기게 하고, 그 결과 자신의 부족한 점을 보완할 힘을 갖추게 된다. 거창하고 위대한 것을 칭찬하라는 것이 아니다. 아이가 교실이나 학교에서 보이는 말이나 행동에서 칭찬할 것은 많다.

"넌 청소를 잘하네. 넌 노트 필기를 아주 꼼꼼히 잘 하네. 숙제를 잊지 않고 잘 해오네. 넌 지각을 안 하는구나!"

등등 아이의 작은 행동 하나하나를 찾아서 칭찬해 보시길. 칭찬할 때는 다른 아이와 비교하거나 그 아이의 단점과 비교하면서 칭찬하지 않아야 한다. "넌 수업 시간에 차분히 문제를 풀지 못하지만 체육은 잘하네"라거나 "희수는 지각을 자주 하는데 너는 항상 제 시간에 등교하는 착한 학생이네"처럼 하지 말라는 것이다.

필자가 만난 문제행동을 하는 아이들의 90% 이상은 자아존중감이 낮았다. 스스로에 대해 자존감이 높은 아이는 문제행동을 통해 사랑을 받으려고 하지 않기 때문이다. 우리 반에서 문제행동을 하는 아이를 없애고 싶다면 지금 현재 아이의 모습을 칭찬하여 자존감을 높여주는 것이 좋다.

아이들을 칭찬하기 위해서는 먼저 교사 스스로 자신의 장점을 인정하고 칭찬해야 한다. 높은 기대나 열등감으로 자신을 채근하지 말고 지금 현재 자신의 모습을 있는 그대로 인정해 보기 바란다.

"제가 잘하는 부분은 관계 부분이거든요, '동료 교사로부터 내가 이런 부분을 인정받는구나!'라는 뿌듯함도 느끼고, '다행이다!'는 느낌도 들고. 제가 자랑스러워요. 내 존재감을 느낄 수 있잖아요. 아~ 정말, 내가 특별한 사람이구나!"

"아이들이 저한테 그렇게 편하게 말할 수 있다는 거는, 옛날에는 좋기만 한 선생님이었는데, 지금은 편해졌다는 거잖아요. 약간 편해진 것 같아요. 제가 봐도."

자신의 장점을 찾고 그것을 자기 것으로 인정하고 수용하는 데 어려움을 겪는 이유는 겸손이라는 이름으로 자신을 숨기는 데 익숙하기 때문이다. 잘난 척 하면 내쳐질 것 같은 두려움도 갖고 있다. 마음 한구석엔 잘난 척하고 싶은 마음 또한 있으니 잘난 척해 보시길. 장점을 찾으면 뿌듯해지고 기분이 좋아지지만, 한편으로 스스로를 부정하거나 열등하게 보는 익숙한 패턴이 불쑥불쑥 올라올 수도 있다. 그래도 자신의 모습을 긍정적으로 보는 힘을 키우고 있는 그대로의 자신을 받아들여 보시길.

아울러 학생이나 학부모, 동료 교사가 칭찬할 때 거부하지 말고 편안하게 받아들이는 연습이 필요하다. 칭찬을 부정하면 상대방은 난처하거나 무안해진다. 거부하지 말고 받아들이면 기분이 한결 좋아질 것이다. 타인의 칭찬을 편안하게 수용할 수 있으면 아이들을 보다 잘 칭찬할 수 있다. 왜 나는 다른 사람의 칭찬을 편안하게 받아들이지 못하는가? 늘 야단만 치던 어머니가 있었거나 칭찬받고 싶은 마음을 몰라 준 누군가가 있었는지도 모른다. 그 사람들은 왜 그렇게 인색했을까?

교육학자인 애들러는 사람들이 자기 내부의 열등감을 보상하기 위해 많은 노력을 한다고 했다. '작은 고추가 맵다'라는 속담이 이 말을 잘 설명해 주는 말이다. 필자의 열등감은 '내가 여리고 상처를 잘 받으며 겁이 많은 아이라는 것'이었다. 그것을 인정하고 싶지 않은 마음에 끊임없이 강한 어투를 쓰고 겁이 없는 척했다. 오랫동안 나 자신이 그렇게 열등감을 포장하는 줄도 몰랐다. 이것은 심리적으로 보면 건강한 선택은 아니었을지 모르지만 그 덕분에 강한 카리스마와 전문 능력을 키울 수 있었다. 애들러의 표현대로라면 필자의 열등감인 여린 면을 보상하기 위해 무의식적으로 노력한 결과라고 볼 수 있다.

많은 사람들은 열등감으로 자신을 자책하거나 비하한다. 그러나 우리에게는 자신이 느끼는 열등감과 단점마저도 있는 그대로 인정하고 나아가 장점으로 받아들일 용기가 필요하다. 개인이 생각하는 장점과 단점에는 개인의 심리사 때문에 판단의 오류가 있을 수 있다. **다른 사람의 눈에는 장점이지만 자신의 생각에는 단점일 수도 있으며, 어떤 상황에선 열등감이지만 또 다른 곳에서는 장점이 될 수 있다.**

선생님은 어떤 열등감을 가지고 있고 이를 보상하기 위해 어떤 노력을 하고 있으며, 그 열등감이 선생님의 삶에 미친 긍정적인 혹은 부정적인 영향은 무엇인가? 자신도 모르는 사이에 이미 열등감을 보상하였다면 그렇게 할 수 있었던 자신을 지지하시길.

우리가 만나는 아이들은 어떤 열등감을 가지고 있으며 그것은 교실이나 선생님과의 관계에서 어떤 모습으로 나타나고 있을까? 아이들도 우리와 똑같이 자신의 열등감을 극복하고자 최선을 다하고 있을지도 모른다.

우리는 좋은 선생님이 되기 위해 아이들에게 강박적으로 집착할 때가 있습니다. 그 순간, 인정받고 싶어 하는 자신의 마음을 받아들이십시오. 그렇지만 타인의 긍정적인 피드백을 위해 내 삶을 희생하지는 마십시오. 이와 함께 아픔을 겪고 실수하는 자신에게 너그러운 마음을 가지십시오. 그 마음을 바탕으로 아이들이 겪고 있는 고통에 진정으로 귀를 기울일 수 있으니까요. 누군가가 자신에게 보내는 지지와 격려 역시 마음으로 받아들이십시오. 주위의 따뜻한 관심을 받을 여유 또한 우리에겐 필요합니다.

04

교사와 아이들이 우울한 교실

최근 들어 우울한 학생이 증가하고 있는 분위기에서 우리가 관심을 가져야 하는 것은 교사 자신의 우울이다. 사는 게 재미없고 우울하다면 자신에게 좀 더 관심을 가져야 한다. 학교생활이 힘겹거나 지치고 삶이 고단하면 동료 교사에게 도움을 요청하거나 상담을 받는 것도 좋다. 교사가 우울하고 귀찮은 마음이 있으면 아이들에게 진심으로 관심을 가질 수 없고, 짜증이 일어나면 그것은 아이들에게 그대로 전달된다. 불면증은 일상생활에서 아이들을 가르치거나 생활지도를 할 때 어려움을 야기할 수 있고, 피로해지거나 힘이 없으면 학급 아이들이 하는 모든 말과 행동이 싫어진다. 무엇보다 교사 자신이 행복하지 않다.

어떤 선생님이 심하게 공격적인 아이가 미웠지만 가정환경이 열악하다는 말을 듣고 더 마음을 썼다. 아이는 담임의 마음을 받아들이고 조금씩 바뀌어 갔다. 그런데 학급에서 발생한 따돌림 문제에 그 아이가 관여하였고, 그것도 주도적으로 한 아이를 괴롭혔다는 것을 알게 됐다. 순간 배신감이 들어서 야단을 치고 손바닥을 때렸다. 뒷날 달려온 아이 어머니는 왜 자기 아이만 혼내고 때리냐며 따졌고 사과하지 않으면 고소하겠다고 으름장을 놓았다.

이런 경험을 한 선생님이 어떻게 우울해지지 않을 수 있겠는가! 사과를 하는 것도 모욕이지만 고소를 당한다는 협박을 받는 것 자체도 치욕이다. 선생님이 느낀 좌절과 회의, 마음 깊은 곳에 도사리고 있는 두려움과 배신감이 전해져서 마음이 아프다. 다행스럽게도 이 선생님은 필자에게 하소연이라도 하여 마음을 추수를 수 있었다. 많은 선생님들이 이와 비슷한 때로는 이보다 더한 마음의 상처를 받지만 그것을 해소할 때가 없다. 교사를 위한 상담실이나 치유 프로그램이 절실하게 필요한 이유다.

"제가 우울한 줄도 몰랐죠. 그냥 일이 많고 피곤해서 그러려니 했는데, 학교에 와서 아이들을 만나는 일도 힘겹고 교사들과는 되도록 부딪치지 않으려는 저를 보고 '무슨 문제가 있나!' 하는 생각이 들더라고요. 모든 사람들은 그렇게 사니까 무시했죠 뭐. 그러다가 시댁에 일이 생기면서 감정이 도저히 주체가 안 되는 거예요. 죽어버리면 좋겠다는 생각이 드는 순간, 이래서는 안 되겠다 싶어 정신과에 갔어요."

우리 반 아이가 어떤 이유로 죽음을 맞이했다면 교사 역시 죄책감이나 미안함에서 자유롭기 힘들다. 그 아이의 빈자리를 볼 때마다 마음이 아픈 것은 당연하다. 내가 좀 더 관심을 가졌다면 이런 일은 일어나지 않았을 거라는 생각이 들면 다른 아이들을 만나는 데도 어려움이 생긴다. 그 아이에게 미안한 것이 있으면 마음이나 글로 사과를 하고 죄책감이 일어나면 그에 대해 동료 교사와 이야기를 나누시길. 그 감정을 아무렇지 않은 듯 팽개쳐 두면 안 된다. 반드시 누군가의 도움을 받아 그 상처와 죄책감에서 벗어나시길.

선생님이 학교에서 아이들로 인해 느낀 좌절이나 분노, 학부모로부터 받은 오해나 억울함, 동료 교사와의 갈등으로 우울함이 깊어져서 죽고 싶다는 생각이 들 때 잠깐 멈추고 자신의 마음을 들여다 보라. 그 순간은 학생 하나를 다루지 못하고, 학부모 앞에서 실수한 무능력하고 보잘 것 없는 교사라는 생각만 떠오르겠지만 그게 전부가 아니다. 모든 아이와 학부모가 선생님을 원망하거나 공격하지 않으며, 선생님의 도움으로 나아진 아이도 많다. 당신은 힘들었지만 최선을 다해 아이들을 챙기고 학부모를 만났다. **선생님의 잘못에 대한 반성만 하지 말고, 잘한 부분에 대한 것도 반드시 함께 기억해야 한다.**

가상의 공간에서 살고 싶을 정도로 현실이 힘들었던 적이 있는가? 학교에서 학생이나 학부모에게 비난이나 오해를 받았을 수도 있고, 가정에서 내 아이나 남편, 혹은 부인으로 인해 굉장히 고통스러웠을 수도 있다. 우리는 모두 정도는 다르지만 재미있는 이벤트가 없는 일상을 벗어나 가끔 동화 속에 살기를 희망한다. 그래서 드라마에 몰입하여 팍팍한 일상을 잠시나마 벗어나 가상의 공간에서 멋진 주인공과 함께 하고, 쇼핑을 하면서 기분 전환을 한다. 그리고 그 순간의 행복함으로 현실을 버틸 힘을 얻고 잘 살아간다.

학교 관련 사안만 터지면 교사를 질책하는 분위기에서 교사들은 아이들과 학부모에게 마음을 닫아갈 수밖에 없다. 아이에게 온갖 열정을 쏟았는데도 조금만 잘못되면 담임 탓을 하는 학부모, 교사의 실수를 꼬투리 삼아 소송으로 협박하는 학부모의 아이를 위해 좋은 마음을 내는 것은 쉽지 않다. 교사와 학생, 딱 그만큼의 거리를 유지하는 것이 혹여 일어날지 모르는 갈등을 예방하는 최선이라는 생각이 무의식적으로 일어난다.

지금 교사인 우리도 아이들에게 실수를 하거나 상처를 주고, 이전의 교사들도 촌지나 차별로 아이들과 학부모의 마음에 생채기를 냈을 것이다. 그건 분명 교사의 잘못이 맞다. 그렇지만 사회 전체로부터 비난받을 만큼 큰 잘못을 하지는 않은 것 같은데, 왜 우리를 야단치고 비난하는지 알 수 없다. 교사인 우리와 학부모나 사회의 생각은 많이 다른가 보다. 아니면 정당하지 못한 한국 사회의 모순과 부의 불균형, 왜곡된 교육 등에 대한 피해의식을 해소할 데가 없는 사람들이 교사를 대상으로 화풀이를 하고 있거나.

교사인 우리도 때때로 죽여 버리고 싶을 정도로 분노가 끓어오를 때가 있다. 현재 그 상태라면 원인을 찾아서 마음을 풀고, 선생님이 화냄에서 벗어나 편안하시기를. **과거에 그런 대상이 있었다면 숨어있는 마음을 끄집어내고 상처 받은 자신을 다독이되, '내가 이런 끔찍한 생각을 하다니!' 하는 자책이나 비난은 하지 마시길.**

일상이 우울하고, 감정이
메말라 가면
어딘가를 가서 소리라도 지르고, 여행
가방을 들고 훌쩍 떠나시기 바랍니다.
아무 것도 돌아보지 말고. 일상이 아닌
곳에서 또 다른 자연과 사람들을 만나는
여유를 가지시기 바랍니다. 여행은
척박하고 힘든 우리에게 또 다른 감동을
줄 것입니다. 삭막해지는 자신의 마음에
온기를 주시길….

05

학부모, 그 어려운 상대 - 교실로 들어온 학부모

어느 날 한 아이의 아버지가 담임을 욕하고 때린 일이 발생했다. 그것도 아이들이 보는 앞에서. 그 선생님이 받았을 상처와 모욕감, 그리고 아이들의 두려움을 생각하면 화가 난다. 때린 학부모 또한 할 말이 있었겠지만….

학부모와 교사의 관계는 최근 들어 더 삐걱거리고 있다. 교사와 학부모는 좋은 관계를 유지하는 경우도 있지만 껄끄럽거나 불편한 경우가 더 많다. 가장 큰 이유는 학급의 한 아이는 교사에게 학급 전체 아이 삼십 오명 중 하나만큼 중요하지만 부모에게 그 아이는 일분의 일이나 이분의 일이기 때문이다. 이 수치는 아이를 바라보는 엄청난 시각차로 나타나고, 이로 인해 학부모들은 교사에게 고마움보다는 서운함을 많이 느끼게 된다.

교사와 학부모의 관계가 매끄럽지 못한 다른 이유는 학부모를 대하는 교사들의 말과 태도에 있다. 학교를 벗어나서 교사를 바라보면 교사가 소위 학부모라는 '고객'에게 불친절한 말을 쓰는 것이 보이지만 늘 학교 안에 있는 우리는 그것을 지각하지 못한다. 학부모의 마음을 상하게 하는 교사의 말 한마디가 큰 화를 부를 수 있다. 학급 아이에게 문제가 발생했을 때 자그마한 말 한마디가 갈등의 뿌리가 되기도 화해의 씨앗이 되기도 한다. 따라서 교사들은 좀 더 부드럽고 적절하게 말할 수 있는 능력을 키울 필요가 있다.

학생의 근황을 알리기 위한 목적으로 전화를 할 때도 마찬가지다. 조금 더 부드럽게 말해야 한다. 또한 부모가 아이의 학교생활에 대해 알아야 하지만 무슨 일이 있을 때마다 전화를 하는 것은 상황을 어렵게 한다. 학교에서 일어난 일거수일투족을 어떻게 학부모가 다 통제할 수 있겠는가? 그건 교사의 몫이다. 학부모가 자주 전화하는 것이 싫은 것처럼 담임이 학부모에게 자주 연락하는 것도 부담스럽다. 반대로 학부모가 열 받아서 전화로 퍼 부을 때도 조금은 거리를 두고 편안하게 말을 할 필요가 있다. 반대로 불편한 마음 때문에 지나치게 아이의 상황을 알리지 않아 문제를 확대시키기도 한다.

다음은 한 선생님이 상담 공부를 하면서 달라진 학부모와의 대화 스타일에 대해 말하고 있다.

"왜 우리 애만 그러냐고 따지면서 전화가 왔을 때 당황스럽고 기분이 나쁘지만 제가 먼저 목소리를 가라앉혀서, '어머니 안녕하세요! 그 녀석이 학교 일도 엄마한테 얘기하네요'라고 상대방을 배려하면서 동시에 '제가 챙긴다고 한 일인데 아이한테 상처가 됐던 거 같아요'라고 잘못을 인정하면서 이야기를 끌고 나가는 게 달라진 것 같아요. 전에는 '걔가 아침부터 학교 갈 때까지 어땠는지 아세요?'라고 리스트를 만들고 문제만 이야기 하면서 따지고 들었을 거예요. 제가 조금 여유롭고 부드럽게 말하니까 부모의 반응도 '아~~ 네 감사합니다' 등으로 조금 유하게 바뀌더라고요."

학부모와 교사의 갈등에는 자녀의 행동에 대한 오해에서 비롯되는 것이 많다. 많은 부모들은 '내 아이는 문제가 없는 착한 아이'라는 생각 때문에 선생님들과 갈등이 생긴다. 부모가 생각하기에 내 아이는 문제가 없는데 교사가 잘못하고 있는 것이다.

이런 부모에게는 먼저 아이의 장점과 함께 아이를 잘 키웠음에 대해서 칭찬해 주고 나서 아이의 행동이 문제가 될 수 있음을 알리는 것이 좋다. **처음부터 아이의 만행을 낱낱이 고자질하듯이 말하는 것은 역효과를 낸다.** 한편으로는 집에서도 자신의 아이를 착하고 좋은 아이로 대하고 있는지 의심해 봐야 한다. 집에서는 아이를 전혀 인정하지 않으면서 교사나 다른 사람 앞에서만 착하고 문제없다고 말하는 부모들도 있으니까.

이런 부모들은 자기 아이는 문제가 없는데 친구를 잘못 만나서 그렇다고 생각한다. 그 친구를 선택한 것이 자기 아이라는 사실을 잊어버리는 것이다. 착하게 자란 아이들은 저항하고 싶은 욕구를 내면으로 숨기고 있기 때문에 밖으로 반항하고 문제행동을 하는 아이들에게 끌리게 된다. 반항을 하는 친구를 좋아한다는 것은 그 아이의 마음에 저항하고 싶은 욕구가 있어서다. 아이가 잘못된 것은 친구 때문이 아니라 그 친구를 선택한 내 아이 때문이다.

이와 반대로 자녀를 문제가 많은 아이라고 생각하는 부모들도 있다. 아이가 학교생활을 잘하고 있는데도 불구하고 끊임없이 문제가 있다며 담임에게 하소연을 한다. 형제 사이에 능력에 차이가 있을 때 한 아이를 희생양으로 삼기도 한다. 그 아이는 뭘 해도 잘하는 형제에 비해 뒤떨어지니까. 이들은 아이들의 성격을 고치고 싶어 하거나 아는 것이 병인 학부모들로 상담이나 심리치료에 관련된 책을 많이 읽었을 확률이 높다. 끊임없이 아이의 문제를 찾고 그것을 해결하기 위해 최선을 다한다.

이런 학부모에게는 자녀가 다른 아이들처럼 평범하게 잘 자라고 있음을 말해 줄 필요가 있다. 실제로도 잘 자라고 있을 것이다. 이들은 아이들이 성장하면서 자연스럽게 나타나는 행동에도 예민하게 반응하여 걱정을 한다. 반복되면 아이들도 자신이 문제가 많은 아이라는 생각을 하게 된다. 부모 자신의 모습이나 학교 때를 떠올리면서 무조건 문제가 많다고 생각하는 경우에는 요즘 아이들의 일반적인 특성에 대해 말하여 그 아이만이 문제가 아님을 알리는 것도 도움이 된다. 의외로 많은 부모들이 성적만 다른 아이들과 비교하지, 전반적인 요즘 아이들의 모습에 대해서는 이야기를 잘 나누지 않기 때문에 내 아이만 문제라고 생각하는 경향이 있다.

학부모를 만날 때 "무슨 말을 해야 할지 모르겠어요"라고 말하는 교사들이 있다. **무슨 말을 하려고 하지 말고 학부모의 이야기를 들으면 된다.** 학부모들은 교사에게 아이나 학급, 학교에 대한 정보가 필요하거나 교사의 이해나 공감을 받고 싶어서 찾아온다. 단지 교사와 이야기를 나누고 싶어서, 교사가 어떤 사람인지 궁금해서 오기도 한다.

물론 학부모 상담을 할 때 어떻게 해야 할지 답이 나오지 않는 난감한 학부모들이 있다. 대표적인 것이 자신의 삶을 하소연하거나 넋두리하는 학부모이다. 이혼이나 경제적인 어려움이 있는 부모, 부부 사이나 고부 갈등이 있는 어머니들은 넋두리를 하면서 감정이 복받치게 된다. 스스로도 당황스럽지만 눈물을 멈추기는 어렵다.

이때 교사가 할 수 있는 일은 그냥 그대로 상대방의 감정이 흘러가는 대로 함께 있어 주는 것이다. 오죽했으면 담임에게 눈물을 흘리면서 이야기하겠는가? 삶이 그만큼 힘들고 고통스럽다는 의미이다. 자신의 이야기를 하는 것만으로도 치료가 된다. 그러나 이런 패턴이 반복되어 교사 스스로가 부담스러워지면 상담자 역할을 그만두어야 한다. 안쓰러워 도와주고 싶은 마음에 이야기를 계속 들어주다 보면 교사가 더 힘들어지므로 적절한 선에서 끊어야 한다. 자신이 학부모의 개인 상담자가 아님을 기억하시길.

자신의 삶을 척박하게 살아가는 부모 중에는 죄책감을 가진 사람이 많다. 이혼으로 아이들의 기를 죽게 했다거나 맞벌이를 하느라 어릴 때 아이를 다른 사람 손에 맡겨 함께 살지 않았다거나 하는 이유로 죄책감을 가지고 있다. 많은 경우 부모의 미안함과 죄책감은 아이의 문제행동의 원인이 된다. 자신의 미안함과 죄책감을 보상하기 위해 아이의 욕구를 충족시켜 주면서 자신을 희생하기 때문이다.

그런데 아이들은 어머니가 자신에게 가지고 있는 미안함이나 죄책감을 견디기 어려워한다. 어머니에게는 그 감정이 당연한 것이지만 아이는 당당하지 못한 어머니의 모습을 싫어하기 때문이다. 어머니가 자신의 미안함을 보상하기 위해 하는 과잉보호나 과도한 간섭은 아이를 자신의 욕구 충족만 생각하는 안하무인으로 키울 수 있다. 아이들은 자신을 위해 모든 것을 희생하는 어머니에 대한 부담감과 미안함으로 마음의 갈등을 일으키고, 가끔 이것은 학교에서 분노로 표출되거나 문제행동으로 나타난다.

한부모가정의 아이들을 괴롭히고 힘들게 하는 것은 경제적 문제나 환경일 가능성도 있지만 부모의 죄책감과 미안함이 더 문제일 수도 있다. **그러니 아이들에게 미안해하지 말고 스스로의 선택에 떳떳해지고 당당해지도록 부모를 지지하는 것이 좋다.** 어떤 선택을 했든 그것은 고민 뒤에 얻은 답이었을 것이다. 아이가 힘들어하는 것은 환경보다 어머니의 죄책감과 당당하지 못함이라는 것을 강조하시길.

상담실에 찾아온 한 아이의 어머니는 자신이 남편을 잘못 선

택했다는 자책감과 좀 더 참지 못하고 이혼을 하여 아이를 주눅
들게 만들었다는 미안함이 있었다.

"요즘 아이가 부쩍 화를 많이 내고 저에게 대드네요."

"어머니는 아이가 그럴 때 어떻게 하세요?"

"가만있죠. 아이한테 미안해요. 모두 해주지 못하는 게. 다음에
해 주겠다고 그래요."

"아이에게 어떤 점이 미안하세요?"

"일단 다른 애들은 아빠가 있고 함께 키우잖아요! 그게 제일 미
안하죠. 전 아이를 혼자 키워야 하고, 원하는 것을 들어주지 못
하니까요."

어머니가 가진 미안함과 죄책감을 보상하기 위해 모든 요구
를 들어주던 어머니는 최근 힘들어서 거절하였더니, 아이가 대들
면서 소리를 질렀다고 하였다. 이혼한 어머니가 갖고 있는 막연
한 미안함이나 죄책감은 깊게 들어가 보면 어머니의 걱정으로 인
해 일어난다. 잘 생각해 보면 이혼이 꼭 아이에게 나쁜 것만은 아
니다. 이혼 전에 아이가 최악의 상황에 놓여있었다면 더욱 더.

다음은 미안함을 가진 어머니의 아이와 상담한 이야기이다.

"엄마한테 소리를 지르거나 욕을 한 적도 있어요."

"네가 화를 내면 엄마는 어떻게 하니?"

"가만 계시거나 우세요. 그래서 더 싫어요. 짜증나요."

"그러게. 나 같으면 너를 혼낼 거 같은데 엄마는 울고만 계시는구나."

"늘 그런 식이에요. 야단도 치지 않고 미안하다고 하고 그 말도 정말 듣기 싫어요. 뭐가 미안한지를 모르겠어요. 화가 나서 소리를 질렀는데 제가 미안하죠. 죄송하기도 하고."

아이는 화를 내거나 소리를 지르는 자신이 잘못했다는 것을 알고 있다. 그런데 어머니는 야단을 치지 않으신다. 아이는 엄마가 걱정하는 것과는 달리 어머니의 이혼으로 아버지와 살지 않는 것이 편안하다고 하였다. 오히려 아이를 괴롭히고 마음을 불편하게 하는 것은 어머니가 자신에게 죄책감이나 미안함을 과도하게 가지는 것이었다.

교사를 난감하게 하는 또 다른 학부모는 잦은 전화와 방문을 하는 사람이다. 과제나 준비물 등 세세한 문제로 담임에게 지나치게 자주 전화를 하거나 찾아오기도 한다. 구체적으로 학부모

유형이 파악되기 전까지 전화와 방문을 허용하지만 퇴근 후 교사의 사생활을 침범하거나 개인 비서로 여기는 것처럼 느껴질 때는 단호하게 거절해야 한다. 아울러 부모가 왜 이런 행동을 하는지 상황을 탐색할 필요가 있다.

과잉보호 학부모는 대체로 아이를 믿지 못하는 불안 때문에 끊임없이 아이를 보호하고 챙긴다. 이런 부모에게는 지속적으로 아이를 보호했을 때 나타날 수 있는 의존심의 문제에 대해 말할 필요가 있다. 어머니가 평생을 아이의 모든 것을 챙겨주고 삶을 대신 살아줄 수는 없으며 아이는 스스로 도전하고 성취감을 맛보면서 성장해야 함을 설득시켜야 한다.

입장을 바꿔 학부모들은 어떤 유형의 담임교사와 이야기하는 것이 힘들지를 생각해 보자. 아이가 문제가 많다는 말을 단정적으로 혹은 비난조로 하는 교사와 이야기하는 것은 싫고 힘들 것이다. 부모들은 자녀가 문제가 있지만 부모나 아이가 어떤 노력을 하면 변화할 수 있다는 말을 듣고 싶어 한다. 부모들은 자신이 아이를 잘 키우고 있음을 확인받고 싶어 한다. 그래서 교사의 칭찬은 엄마를 춤추게 하는 것이다. 또한 학부모들도 자신의 이야기는 잘 듣지 않고 일방적으로 자신의 말과 입장만 이야기하는 선생님을 힘들어 할 것이다.

교사도 학부모가 되면 담임교사가 어렵다고 한다. 자신의 아이를 맡겨 둔 것에 대한 고마움과 함께 자신이 아이를 잘 키우고 있는 지에 대한 점검을 받는 느낌이 든다고 한다. 많은 부모들은 담임을 만나러 가면서 자신의 교육이나 양육 태도에 대한 평가를 받는 것 같아 긴장한다. 또 다른 학부모들은 학창 시절에 만난 교사의 이미지를 담임에게 투사하여 자녀 문제로 의논을 하러 가는데도 자신이 뭔가 야단을 맞으러 가는 듯한 느낌을 받는다. 교사에 대해 부정적인 경험을 많이 한 학부모일수록 아이의 담임을 오해할 가능성이 높다. 이런 저런 생각 때문에 학부모 역시 담임을 만나는 것이 부담스럽다.

무력감 때문에 담임으로부터 의뢰받은 아이와의 상담을 끝낸 뒤 엄마를 만나서 정보를 주면 좋을 것 같아서 상담을 요청한 적이 있었다. 어머니는 초췌해진 얼굴로 상담실에 들어오셨다.

"어제 무슨 일이 있으셨어요? 얼굴이 안 좋아 보여요."
"걱정이 되서 한숨도 못 잤어요. 아이가 너무 문제가 많으니까 절 부르셨을 거잖아요!"
"그렇게 생각하면 불안했을 거예요. 그건 아니에요. 제가 아이를 다섯 번 정도 만났는데 걱정되는 부분이 있어서 오시라고 한 거예요. 제가 잘못 판단했을 수도 있으니까 집에서는 어떤지 알면 좋을 것 같아서요."

위 어머니가 보인 반응이 일반적인 모습이다. 아이의 문제행동 때문에 담임을 만나야 하는 학부모의 부담은 더 크다. 담임의 연락을 받은 학부모는 아이에게 화가 나고 짜증이 날 것이며, 자신 때문에 아이에게 문제가 생긴 것 같아 죄책감이 들 것이다. 좋은 부모가 되고 싶었으나 그러지 못해 속상하기도 하고. 담임에게는 우리 아이에게만 가혹한 것 같아 원망하거나 미워하는 마음이 생길 수도 있다. 그리고 담임이 "당신이 아이를 잘못 키웠다"는 야단을 칠 것 같아 조마조마하고, 한편으론 아이의 문제가 심각하거나 지속될까봐 걱정이 되고 어떻게 할지 난감할 것이다.

학부모들은 학교에서 일어나는 아이의 문제행동을 알게 됐을 때 문제 자체에도 놀라지만 자신이 아이를 잘못 키운 것에 대한 회의와 두려움을 더 크게 가진다. 맞벌이를 하는 가정일지라도 대부분 가정에서 자녀교육은 어머니의 책임으로 여긴다. 기가 막히지만 아이의 교육이나 문제행동을 모두 아내 탓으로 돌리는 남편이 의외로 많다. 그래서 아이의 문제를 알고 있지만, 담임의 말을 인정하면 정말 자신이 아이를 잘못 키웠다는 남편의 말이 증명되는 것 같아 두려움이 큰 것이다.

이런 복잡한 심정으로 그것도 좋은 일이 아닌 이유로 학교에 왔을 때 부모들은 속상함과 분노를 교사에게 퍼붓거나 자녀의 잘못을 학교 탓으로 돌린다. 이때 툭 튀어나오는 말이 "집에서는 그렇지 않아요!"이다. 이때 욱~ 하고 성질이 나더라도 발끈하지 말고 "학교에서 보이는 행동을 집에서는 하지 않는다니 다행이네요. 그럼 집에서는 어때요?"라고 물으시길. 부모의 심정을 고려하여 처음에 "제가 보기에 아이의 이런 점은 걱정이 됩니다. 지금은 문제가 작지만 더 심각해지면 부모님도 힘들어질 수 있습니다. 솔직히 말씀하시면 문제를 빨리 해결할 수 있습니다"라고 말하는 것이 좋다. 다그치거나 잘못이 많다는 걸 증명하기 위해 갖가지 자료들을 제시하면서 부모를 이기려고 하지 말고, 다음 선생님처럼 학부모의 심정을 헤아려 보시길.

"학부모들이 학교 올 때 화가 나서 오거나, 따지고 오는 이런 때가 많고, 학부모가 얘기하도록 놔두면 문제해결이 되는 거 같아. 내가 막 뭐 설명을 하려는 거가 아니고 거의 난 듣는 거야. 그렇게 20~30분이 지나면, 거의 대부분의 학부모가 막 화가 나서 왔더라도 감정이 좀 빠지더라고."

한편, 많은 교사들은 교사의 말을 거부하는 학부모들에게 말해봐야 소용없다며 말 자체를 하지 않는다. 이전에 말을 했을 때 거부당한 경험이 있거나 적반하장으로 교사에게 뒤집어씌운 이상한 부모를 만난 적이 있으면 더 그렇게 한다. 그럴 경우에는 **교사의 말을 전혀 듣지 않는다고 할지라도 그 아이의 잘못이나 문제를 말해야 한다.** 매년 담임교사에게서 똑같은 말을 들으면 부모도 언젠가는 아이의 문제를 인정할 것이다. "작년 선생님은 아무 말씀 안하셨는데요. 그렇게 문제가 많았다면 말씀을 안 할 리가 없잖아요?"라는 말을 듣게 해서는 안 된다. 작년 담임과 비교하면서 '네가 우리 애를 잘못 봤을 수 있다'는 속마음을 드러내더라도 자존심 상해하지 마시길. 그 부모의 문제이며 부모가 그러니까 아이에게 문제가 생긴 것이다.

한술 더 떠 교사를 가르치는 학부모도 있다. 나름의 신념이 강하고 말을 조리 있게 잘하는 부모는 "우리 아이만 볼 게 아니라 다른 아이들의 잘못도 보셔야죠"나 "선생님이 우리 아이를 그렇게 생각하는 건 잘못된 거예요" 등 교사를 야단친다. 이때 교사가 느끼는 황당함과 모욕감은 말로 표현하기 힘들다. 그 학부모가 빨리 가주기를 간절히 바랄뿐이다. 보다 심각한 것은 그 다음에 일어난다. 어떤 교사가 이런 학부모에게 편안하게 연락하여 아이의 문제에 대해 의논하겠는가? 문제가 생기더라도 모른 척하게 된다.

아이를 야단치는 것에 대해 불만이 있는 학부모는 그냥 내버려두는 편이 나으니 긁어서 부스럼을 만들지 마시길. 이런 교사에게 "교사의 본분이 어떻고 책임이 어떻고"라는 말을 하면서 비난하는 사람이 있을지도 모르겠다. 오죽했으면 우리가 이러겠는가? 당해보지 않았으면 말을 하지 마시라.

최근 들어 증가하고 있는 것은 자녀의 문제에 무관심하거나 안하무인인 학부모들이다. 자녀에게 무관심한 학부모에게 담임이 할 수 있는 일은 무관심한 이유를 찾고 관심을 유도하는 것이다. 최선의 노력을 했는데도 부모가 관심을 가지지 않으면 어쩔 수 없다. 말이 통하지 않는 안하무인인 학부모와 자기의 방식만이 옳다고 고집하는 학부모와는 대화를 시도하면서 부딪치지 마시길. 교사가 어떻게 할 수 없는 학부모도 있다. 아니, 많다.

교사나 학교의 배상금을 노리고 의도적으로 체벌을 과대포장하거나 인터넷을 이용하는 부모들도 있다. 혹 이런 부모를 만나거든 절대 감정적으로 대처하면 안 된다. 이런 부모에게 상처를 받으면 아이들 모두를 믿을 수 없게 된다. 모든 부모가 이렇지는 않으니 너무 의심하거나 위축되지 마시길. 어떤 문제로 마찰이 일어났을 때는 혼자서 해결하려 하지 말고 학년이나 학교 단위로 도움을 요청하고 여의치 않으면 법적으로 대응할 필요가 있다.

부모의 심리 및 정신건강이 심각하여 도저히 어떻게 할 수 없는 경우를 만날 수도 있다. 심한 우울증이나 강박, 심각한 알콜 중독이나 폭력 경향 등 위험한 수준인 학부모에게는 심리치료를 권해야 한다. 당사자가 담임의 조언을 받아들이지 못한다면 다른 쪽 부모에게 사실을 알리는 것이 좋다. 부모의 건강하지 못한 심리 상태에 노출될수록 아이들은 정신적으로 건강하지 못하게 된다. 심리치료를 권하는 것 자체만으로도 교사를 공격하는 부모도 있으니 부모의 수준을 잘 파악하여 대응하는 요령이 필요하다.

아이 행동의 원인이 자신에게 있다는 것을 인정하고 바꾸기 위해 노력하는 학부모는 긍정적인 변화를 예고한다. 부모가 아이의 문제를 인정하면 반은 성공했다고 보면 된다. 아이의 문제에 대한 정확한 정보와 문제 해결을 위한 방법을 가르쳐주면 된다. 빨리 인정할수록 아이의 문제는 빨리 해결되지만, 모든 것을 자신의 잘못이라며 자책하는 것은 아이에게 도움이 안 된다. 객관적으로 자녀의 모습을 볼 수 있도록 조언할 필요가 있다. 반면 자신의 문제를 인정하지 않는 학부모에게는 좀 더 시간을 주어야 한다. 맞장 뜰 필요가 없다는 말이다. 때로는 담임에게 인정하지 않지만 집에서 행동을 바꾸는 경우도 있다. 많은 아이들의 문제행동은 학부모가 바뀌면 해결된다.

놀랍게도 많은 부모들은 자신의 문제에 대해 모르고 그것이 자녀에게 미치는 영향에 대해서도 무지하다. 교사가 아이들을 가르치면서 순간순간 몰랐던 자신의 모습을 깨닫게 되는 것처럼 부모들도 마찬가지다. 자녀를 교육하면서, 아이의 담임을 만나면서 부모도 자신의 잘못과 문제를 알고 반성한다. 교사와 부모 모두 아이와 함께 성장하는 것이다. 교사들이 학부모와 상담을 할 때 범하는 오류 중의 하나는 '네가 아이를 잘못 키웠다'는 생각을 전하는 것이다.

사실 대부분의 부모는 아이를 잘 키우고 싶어서 나름대로 최선을 다했으나 뜻대로 되지 않은 것이다. 어떻게 하는 것이 좋은지 잘 모른다. 우리나라는 부모 교육이 부족하고 요즘 부모들은 맞벌이를 하느라 시간이 없다. 그래서 교사들이 부모가 교육을 잘할 수 있도록 적절한 지도와 조언을 해 줄 수 있어야 한다. 이와 함께 부모들에게 요즘 아이들의 행동 및 심리에 대한 전문적인 정보를 제공하고 그에 맞는 적절한 대처법을 익히도록 도와야 한다. 이를 위해 교사들에게 학생들의 전반적인 특성 및 문제를 파악하는 능력이 필요하다.

부모 상담을 할 때 신중하게 접근해야 할 사안이 있다. 교사와 학부모의 소통이 아이에 대한 야단이나 체벌로 이어질 수 있

다는 점이다. 아이가 학급에서 문제를 일으킬 때 학부모 상담이
나 전화를 하게 되는데, 이것을 빌미로 집에서 아이가 심하게 맞
을 수 있다. 그렇게 되면 아이는 교실에서 더 반항하고 더 공격적
으로 된다. 영문을 모르는 담임은 아이와 점점 더 적대적인 관계
가 된다. 문제행동에 대한 담임의 전화를 받고 아이에게 야단을
치지 않는 부모는 없다. 폭력이 있는 가정에서는 교사가 본의 아
니게 눈에 보이지 않는 가해자가 될 수 있다. 교사로 인해 추가적
인 폭력을 당한 아이는 자신의 아픔이나 고통, 사실에 대해 이야
기 하지 않거나 더 심하게 말을 안 듣게 된다.

　　아울러 학부모 상담에서 교사 스스로 점검할 부분도 있다.
아이의 문제행동에 대한 상담을 하기 전에 교사가 판단내린 그
행동이 객관적으로 문제행동인가에 대해 좀더 깊이 생각해 보시
길. 아이의 행동이 어떤 교사에게는 문제로 여겨지지만 또 다른
교사에게는 문제시되지 않는다. 어떤 아이는 담임과 맞지 않아
갈등을 빚지만 다른 담임과는 잘 지낸다.
　　부모가 문제행동의 원인일 경우 아이에게 왜 그렇게 하는지
에 대해서도 탐색해야 한다. 아이가 정리정돈을 하지 않는 것을
참을 수 없는 학부모를 만나면 "어릴 때 어머니에게 정리정돈과

청결을 강조한 사람이 있었어요?"라고 물어보시길. 대부분은 당신의 부모가 그런 요구를 했다고 답할 것이다. 문제행동을 하는 아이들의 학부모를 만날수록 그들의 삶도 녹녹치 않음을 알게 된다. 그들의 이야기를 들으면서 함께 우는 일이 많다. 문제가 있는 학부모 역시 나와 똑같이 삶의 고통을 겪고 있으며, 자녀를 키우면서 느끼는 슬픔과 좌절의 의미를 배우는 사람이다. 좀 더 여유롭게 학부모의 문제를 바라보시길.

학부모와 상담할 때 이것도 고치고, 저것도 문제고 등의 말보다는 우선은 아이의 장점을 칭찬함으로써 긍정적인 관계를 맺는 것이 좋다. 이와 함께 아이가 학교에서 보이는 좋은 점을 말하면서 아이를 잘 키웠다며 부모를 지지하시길. 그래야 학부모를 만나서 자녀의 특성이나 학급 담임으로서 교육관에 대해 이야기를 나눌 때 교사 자신의 틀 안에서 아이를 바라보는 시각을 확장시키고, 부정적인 부모를 만날지라도 그 아이를 이해하는 데 도움이 된다. 평소 학부모와 다양한 방법으로 소통을 하면 학부모의 긍정적인 신뢰를 얻을 수 있고, 이를 바탕으로 보다 효율적인 학급운영을 할 수 있다.

아이를 바라보는 학부모와 교사의 시각은 다를 수밖에 없습니다. 교사가 부모의 마음으로 모든 아이들을 대하면 좋겠지만 현실적으로는 한계가 있습니다. 차이를 인정하고 받아들이는 것이 최선입니다. 학부모를 만나기 전에 선생님 마음에서 일어나는 불편함을 수용하십시오. 이와 함께 학부모 역시 우리처럼 마음이 편안하지만은 않다는 점을 기억하십시오.

4

교사가 행복해야
아이들이 행복하다

교실로 옮겨진 교사의 미해결 과제

교사들은 과거에 해결하지 못한 부정적인 문제나 상처, 억압된 감정 등을 갖고 살아간다. 이것은 **미해결 과제**unfinished business로 현재 생활의 말과 행동도 영향을 미친다. 해결되지 않은 문제는 학생, 학부모와의 만남, 교실 장면에서 나타나거나 동료 교사, 관리자와 불편한 관계를 만들기도 한다.

아침에 집에서 기분 나쁜 일이 있을 때 학교에 와서 아이들에게 이유 없이 화를 낸 적이 있는가? 그럴 때면 평소보다 더 아이들을 야단치기도 하고, 미운 마음도 많이 올라온다. 이것은 교사의 미해결된 감정으로, 집에서 해결되지 못한 감정이 학교로 옮겨진 것이다. 이처럼 가깝게는 오늘 아침의 미해결된 문제일 수 있지만, 모든 사람에겐 어릴 때부터 쌓여온 것들이 많이 남아

있다는 걸 주목해야 한다. 이처럼 교사의 미해결 과제는 아이들과의 관계에서 이유도 모른 채 올라와서 학생과 교사 모두를 당황스럽게 하거나 싸움을 일으키기도 한다.

잠재되어 있는 모든 문제를 완전하게 해결하는 것은 불가능에 가깝지만 교사 자신과 아이들에게 부정적인 영향을 미치는 것을 무시하고 내팽개쳐 둘 수도 없다. 따라서 교사들은 해결하지 못한 자신의 과거 상처나 기억에서 벗어날 수 있는 활동을 해야 하고, 자신이 어떤 아픔과 상처가 있는지를 발견해야 하며, 그것이 아이들과의 관계에서 어떻게 나타나는지 살펴야 한다. 교사들이 자신의 과거를 새롭게 해석하고 묵은 감정은 풀어내고 아픔의 무게를 줄여서 가벼워질수록 아이들을 더 편안하고 자유롭게 할 수 있다. 교사의 행복이 곧 아이들의 행복으로 이어지는 것이다.

교사가 어릴 때 소심하고 자신감 없는 학생이었다면 학급에 자신과 비슷한 아이가 있으면 더 관심을 가진다. 소극적인 자신의 성격 때문에 친구에게 따돌림 당한 경험이 있는 교사는 가해 아이에 대해 좀 더 분노하게 된다. 상처가 건드려져서 자신도 모르게 피해 아이 편을 들고 가해 아이의 사정은 고려하지 않게 될 수도 있다. 또한 학교에서 힘이 없어서 친구들에게 당했다는 피해의식을 가진 교사는 학급 아이들에게 무시당하지 않으려고 더 강압적으로 할 수도 있다.

집안이 가난하여 인정을 못 받고 존재감이 없었을 때 부잣집 아이가 담임으로부터 칭찬을 받는 모습을 보고 자란 교사는 학급에서 어떤 반응을 보일까? 가난하고 어려운 애들을 보다 많이 챙기고 따뜻하게 보살펴 주는 반면 부잣집 애들은 은근히 돌보지 않을 것이다. 그 마음에는 어릴 때 미워했던 부잣집 아이에 대한 얄미움이 포함되어 있다. 이렇게 어릴 적 경험이 자신도 모르게 학급 아이들과의 관계에서 드러나면 교사 스스로도 당황스러워한다.

권위적인 아버지를 닮은 관리자를 어려워하거나 상처를 준 친구를 닮은 동료 교사를 얄미워하는 것 등도 자신의 미해결된 문제와 공통점이 있는 사람과 연관되어 있다. 미해결된 감정, 즉 분노나 억울함, 슬픔 등이 잠재되어 있다가 교실에서 뜬금없이 아이들에게 풀어내는 경우도 있다. 자신을 돌봐주지 못한 어머니에 대한 서운함을 가진 교사는 아이들에게 잘해주면서도 불쑥 불쑥 어머니로부터 받은 상처가 올라와서 괜히 아이들에게 짜증을 내기도 한다.

A가 하면 별로 화가 안 나는데, B라는 아이가 하면 더 짜증이 나는 경우도 교사의 미해결 갈등과 연관되어 일어났을 수 있

다. 이때 자신의 감정이 학생으로 인해 일어났는지 자신의 다른 일이나 상처 때문에 일어난 것인지에 대해 생각해 볼 필요가 있다. 그렇게 되면 아이들에게 상처를 주거나 상처를 받는 일은 줄어들 것이다.

"자랄 때 경제적으로 어려웠어요. 그래서인지 환경이 어려운 애들을 보면 더 마음이 가요. 당연히 그래야 한다고 생각하는데 한편으론 부유한 아이들을 싫어하는 마음이 있더라구요. '그 아이들도 관심 받고 사랑받고 싶어 하는데 내가 너무 한쪽으로만 치우치나?' 하는 갈등도 있어요."

"학교 다닐 때 공부를 곧잘 했었는데, 졸업할 때 우등상을 안 주는 거예요. 엄마가 자주 학교에 찾아오는 그 애는 성적도 별로였는데 졸업식 때 상을 받고요. 말도 안 된다고 생각했어요. 내가 만약 선생님이 되면 절대 차별은 하지 않을 거라고 다짐했죠. 지금 생각해도 그 선생님은 진짜 아니었어요! 그런데 그렇게 생각하다 보니 교실에서 차별하지 않아야 한다는 것에 집착하는 면도 있는 것 같아요."

많은 교사들은 학급운영을 하거나 학부모를 만날 때 자신이 싫어하는 부모나 교사의 모습과 닮아있는 자신을 발견하기도 한다. 매를 자주 들어 무서웠던 아버지의 모습을 닮은 자신을 학생들의 손바닥을 때리면서 마주하게 된다거나 사랑과 관심을 주지 않던 어머니를 늘 그리워했으면서도 학급 아이들을 따뜻하게 대하지 않고 차갑게 대하는 자신을 보고는 놀라기도 한다. 꼼꼼하고 완벽하게 해내기를 바라는 어머니에게 반항하기 위해 늘 일탈을 했던 교사가 학생들의 행동이나 과제를 야무지게 챙기면서 스트레스를 받는 일도 있다. 이처럼 교사의 성장 과정에서 겪은 경험은 학교에서 재연된다. 특히 그것이 해결되지 않은 감정이나 기억일 경우에 부정적인 영향을 미친다.

교사들은 자신의 삶에서 받은 상처를 수용해야 한다. 자신에 대한 이해의 폭이 넓어지면 자연스럽게 아이들을 이해하고 수용하는 폭도 넓어진다. 교사들이 교사인 자신에게 어떤 아픔이 있는지 발견하여 치유할수록, 상처 받은 과거를 새롭게 만나고 묵은 감정을 풀어낼수록, 아픔의 무게를 줄여서 가벼워질수록 아이들을 더 편안하게 자유롭게 만들 수 있다. 나아가 편안한 마음으로 아이들을 바라보게 되고 아이들도 역시 자신처럼 고통스러운 삶을 살아가는 존재라는 연민이 생긴다.

"왜 자꾸 아이들에게 화를 내는지, 내가 왜 이러는지 의문이 들

무렵 상담 모임에 나가게 됐어요. 다른 선생님들과 함께 공부를 하면서 제 문제라는 생각이 들더라구요. 처음엔 힘들었는데 제 마음이 편해지니까 아이들과의 관계도 좋아졌어요. 짜증도 적게 내게 되고. 상담을 공부하니까 무엇보다 저한테 좋은 것 같아요."

"어릴 때부터 착하다는 말을 들으면서 당연하다고 생각했거든요. 어느 순간 절 보니까 전혀 행복하지 않은 거예요. 교실에서 말없이 착한 애들을 보면 답답하고. 마음이 불편한 상태로 지내다가 문득 하고 싶은 걸 해야겠다는 생각이 들어서 드럼을 배우기 시작했어요. 너무 신나는 거예요. 억눌려 있던 감정이 터져 나오는 느낌! 그러면서 무조건 '예!' 하던 것도 줄었어요. 지금은 행복해요."

하지만 자신의 심리사를 모두 새롭게 해석하고, 벗어나기는 힘든 일이므로, 조금씩 바꿔가야 한다. 다른 사람의 도움을 받거나 스스로 어린 시절의 자신을 다독이기, 묵은 감정이 있는 사람에게 직접 표현하는 것 등 다양한 방법이 있다. 어린 시절부터 하고 싶었지만 못했던 것들이나 말하고 싶어도 참았던 것들, 마음에 담아두고 있는 증오, 분노, 죄의식, 상처 등 미해결 과제에 빛을 주는 것도 좋다. 미해결 과제가 적을수록 행복해지고 학생이나 학부모를 수용하는 바운더리도 넓어진다.

스스로 미해결 과제를 해결하는 것도 좋지만 상담자를 찾아가서 자신의 심리사를 되돌아보거나 내면의 문제를 치유하는 것도 도움이 된다. 자신의 마음을 깊이 들여다보면 그 속에서 자신의 고통과 아픔을 이해하고 수용할 수 있으며, 학생들을 이해하고 보다 편안한 마음으로 만날 수 있다. 또 다른 방법은 아이에게 일어난 불편한 마음을 직접 표현하여 이해받는 것이다. 가끔 감정이 발달된 아이들은 우리에게 큰 위로와 지지를 준다.

가끔 자신의 심리사를 돌아보고 이야기를 나눌 때 자신의 삶을 흔들었던 그 사건이 실제로는 그렇게 큰 상처가 아님을 발견하기도 한다. 부모에 대한 분노가 올라왔을 때 용기를 내어 부모님께 눈물 콧물 섞어가며 억울함을 호소하거나 화를 내면서 왜 나를 미워하고 차별했냐면서 소리를 지르기도 한다. 하소연을 들은 부모들이 노발대발 할 것 같지만, 실제로는 "그랬니? 우린 몰랐어. 미안하다!"라고 하는 게 대부분이다. 부모에 대한 분노로 그토록 힘들었는데 그것 자체를 모르셨다니. 아이러니다.

한편, 자신의 심리사를 돌아보면서 끊임없이 자신의 문제만 발견하고 반성하는 선생님도 있다. 그것이 지나치면 죄의식으로

연결되는데, 지금이라도 늦지 않았다고 이야기하고 싶다. 돌이켜 보았을 때 문제라고 생각되지만 그 당시에는 최선을 다한 것이었으리라. 그 아이를 위해서, 학부모를 위해서 가장 좋은 방법이라고 여기고 그렇게 했을 것이다. 교사가 지난 실수와 단점을 수용할 때 자신이 하지 못하는 것을 학생들에게 강요하는 일은 줄어든다. 편안한 마음으로 자신의 문제를 바라볼 때 스스로에게 일어나는 답답함을 학생이나 학부모에게 풀지 않게 되는 것이다. 그것을 배운 것만으로도 충분히 의미가 있음을 기억하시길….

   힘든 일이긴 하지만 교사들은 학생들의 존재와 아이들의 삶에 대해 진지한 흥미와 관심을 보이고, 그들의 이야기에 감동할 수 있는 능력을 가지고 있어야 한다. 학생들의 이야기를 신나게 들으면서, 자신에 대한 부정적인 자아감을 갖고 있는 학생들이 자신을 받아들일 수 있도록 자신에 대한 고정관념을 깨뜨려 줘야 한다. 교사와의 관계 경험을 통해서 학생들이 긍정적 정서체험을 할 수 있도록 우리가 준비되어 있어야 한다.
   또한 학생들이 스스로 문제를 발견하고 해결해 나갈 수 있도록 기다려 주어야 한다. 그들을 이끄는 자가 아니라 따라가거나 함께 가는 사람이어야 한다. 문제가 발생했을 때, 해결해 주려고 안타까워하지 말고 학생의 관심이 어디에 있는지, 그리고 에너지 수준은 어느 정도인지 세심하게 살펴주어야 한다. 인내심을 갖고 아이에게서 나타나는 과정과 현상들을 지켜보면서 아이의 내적 성장이 스스로 전개되도록 도와주어야 한다.

그러기 위해서 교사인 우리는 우리가 가진 미해결 과제를 적극적으로 해결하여 자신을 받아들이고 타인을 만나야 하며 우리의 감정과 감각을 민감하게 만들어야 한다. 그렇게 해야만 학생들에게서 일어나는 변화를 놓치지 않고 관찰할 수 있다. 그리고 아픔을 겪으면서 성장하는 나 자신에게 관대해야 하고, 그 마음을 바탕으로 아이가 겪고 있는 아픔에 진정으로 귀를 기울여야 한다. 학생들의 자립적인 태도나 행동은 격려하고 지지해 주되 의존적인 태도나 회피행동은 좌절시키고, 학생이 혼자서 일어나도록 지켜보아야 하며 학생들의 자구적인 노력이 보일 때만 격려하고 지지해야 한다. 그러면 교사 스스로 자신을 신뢰하고 사랑하며, 학생들이 스스로를 바라보는 시각과는 다른 눈으로 그 아이를 볼 수 있다. 그렇게 되기 위해서 교사도 누군가의 격려와 지지를 받아야 하고, 주위의 사랑과 관심을 따뜻하게 받아들일 수 있는 여유가 필요하다.

선생님의 마음이 불편하고

행복하지 않을 때, 정신적으로 고달파서
생활이 힘들고 학생들도 보기 싫으며
학교에 오는 것조차 심란할 때 자신을
방치하지 마십시오. 스스로의 힘으로
자신을 온전히 보듬어 안을 수 없을
때 누군가에게 도움을 요청하십시오.
선생님을 도와줄 누군가가 있습니다.
선생님이 편안하고 여유롭기를.

교사의 스트레스, 그 사각지대

매일 교사보다 더 힘든 스케줄을 소화하는 아이들이 쉬거나 놀 수 있는 곳은 학교다. 그러나 학교 역시 학업과 성적에 매달리고 자신들의 자유를 구속하기 때문에 여의치 않다. 이래저래 아이들은 숨을 쉴 곳이 없다. 아이들은 발사를 기다리는 로켓과 같은 상태이다. 말 그대로 아이들은 '미칠 지경'이다. 이러니 교사들도 미칠 노릇이다.

교사들은 터져 나오는 학생들의 문제행동을 상담하느라 진을 다 뺀다. 상담전문가가 아닌 교사에게 이것 또한 스트레스가 되고 있다. 많은 교사들은 '상담은 학생의 문제를 해결해 주는 것이다'라는 생각을 한다. 그래서 아이들과 이야기를 할 때 문제 해결에 초점을 두려는 경향이 있다. 이때 교사들은 아이가 억압해

둔 감정을 풀어내는 것만으로도 치료가 된다는 점을 간과하고 있다.

아이들의 문제를 해결해 줘야 할 것 같은 교사의 부담감과는 상관없이 아이들은 자신의 마음 속 이야기를 하면서 답을 찾아가고 고민을 해결해간다. 아이들의 이야기를 들어주고 함께 하는 것만으로도 충분하다. 그러면서 아이가 가진 긍정의 힘, 장점을 찾아 격려해 준다면 더 바랄 게 없다. 아이들의 성장은 변화무쌍하기 때문에 지금 현재 문제행동을 보이는 아이들도 어느 순간 건강하게 변한다.

아이들의 문제 자체에 매몰되면 그 아이의 인생이 잘못될 것 같아 걱정이지만 아이의 인생을 돌이켜 볼 때 그것은 찰나일 수도 있다. 상담의 목표는 학생의 문제를 해결해 주는 것이 아니다. 문제는 학생이 해결하거나 그게 힘들면 선생님과의 대화를 통해 어려운 상황을 버틸 수 있는 힘을 얻는다. 아이들이 매순간 경험하는 갈등이나 고민을 선생님이 해결해 줄 수는 없다. 아이들이 스스로 자신의 고통과 어려움을 해결할 수 있도록 힘을 줄 수는 있지만.

학생과 상담을 할 때는 아이의 문제나 고민을 해결해 주려는 노력을 하지 말고 그 아이가 현재 느끼는 고통이 무엇인지 어떤 상처가 있는지 마음의 소리를 듣는 것이 좋다. 문제를 해결하는 것은 아이 자신이라는 것을 언제나 기억하고, 그냥 그대로 아이의 이야기를 들으면서 마음을 따라가면 된다. 어쩌면 아무 것도 하지 않는 것이 가장 좋은 상담일지도 모른다.

"아빠가 시험 못 쳤다고 때려요. 열심히 해도 90점이 안되면 때려요."

라고 아이가 말을 한다. 이때 많은 교사들은 이 문제를 해결하려는 마음이 먼저 일어난다. 그래서 순간 아무 것도 해 줄 수 없다는 판단이 들면서 말문이 막힌다. 이때 교사가 할 수 있는 것은 아이의 억울하고 기가 막힌 마음을 받아주는 것이다.

"그래? 마음대로 90점을 기준으로 정해놓고 때리는 건 말도 안된다."

"그 말을 들으니까 나도 속상한데 당하는 네 기분은 어떻겠니? 많이 아프겠다."

이렇게 그냥 맞장구를 쳐주어라. 아이는 화가 풀리면 힘이

나서 아버지에게 말할 수 있다. "그래 맞아. 넌 열심히 하면 100점도 받을 수 있어"라는 말로 아버지 편을 들지 마시길.

많은 선생님들은 학급 아이가 문제나 고민이 있어 보이는데 자신에게는 이야기를 하지 않는다고 한다. 왜 그럴까? 내가 만난 많은 아이들은 자신의 이야기를 하고 싶어 했다. 이야기를 하고 싶지 않은 것은 상대방이 자신의 이야기를 들어주지 않기 때문이다. 이야기하고 싶지 않은 그 마음을 받아주고 원하지 않을 때는 억지로 시키지 않는 것이 좋다. 담임인 내가 아이의 말을 듣기보다는 어른의 입장에서 가르치려고 하지는 않았는지 생각해 볼 일이다.

"저희 아빠가 지난번에 시험 못 쳤다고 때렸어요."
"네가 시험을 얼마나 못 봤으면 그랬겠어! 너희 아빠가 다 너 잘되라고 그러는 거잖아!"

아이의 마음은 무시하고 자기 할 말만 하는 교사의 답변은 대화의 단절을 부른다. 이 아이는 다음부터는 고민이 있어도 담임에게 말하지 않는다. 아이들의 말을 듣고 교사나 학부모의 입장에서 가르치거나 충고하는 것은 소용없다. 아이에게 진정으로 하고 싶은 말은 아이 입에서 나와야 한다. 아이가 말하는 사람의 편을 듣지 말고 무조건 아이 편을 드는 것이 좋다. 처음에는 인정하지 않지만 이야기를 하다보면 아이 스스로 잘못을 알게 된다.

수업 시간과 마찬가지로 많은 교사들은 학생과 상담을 할 때 '틀리면 안 된다'는 생각을 한다. 이것은 학생과의 상담을 부담스럽게 만든다.

"선생님 저 어제 엄마한테 컴퓨터 게임 한다고 혼났어요."

"그랬어? 주말에 오랜만에 컴퓨터 게임을 했는데 엄마한테 혼나서 화가 많이 낫겠다."

"아뇨. 화는 안 나고요. 엄마한테 미안했어요. 시험도 못 쳤는데 공부도 안하고."

순간 자기가 잘못 판단했다는 생각에 할 말을 잃거나 의기소침해진다. 내가 아이 마음과 같지 않으니 당연히 틀릴 수 있다. 자신이 학생의 마음을 잘못 알았거나 오해했다면 그것을 표현하면 된다. 정답은 없으니 주저하지 마시길. 틀리면 또 어떤가? 그 순간 이렇게 말하면 된다.

"너는 엄마한테 미안했나 보다. 나는 이전에 엄마가 잔소리 하면 화가 났었는데."

아이의 마음에 대해 공감할 때 아이의 마음을 모두 이해한다는 것 자체가 이상한 것이니 자신의 판단이 틀렸다고 주눅 들지 마시길.

학교에서 과거의 교사들은 선후배 간 소통이 원활했었다. 경력이 많은 교사가 신규 교사를 가르치거나 도와주는 분위기에서 즐겁게 학교생활을 할 수 있었다. 이와 동시에 교사로서 겪는 어려움, 즉, 학생들과의 갈등이나 신경전, 학생들에게 받은 상처, 학부모로 인한 난감함 등을 해소하고 지지받을 수 있었다.

그러나 최근에는 늘어난 업무와 실적에 치여 동료 교사와 이야기를 나눌 시간과 교류가 줄어들었다. 이는 이야기를 통해 스트레스를 해소할 기회가 사라짐을 의미한다. **결국 교사의 스트레스는 각자의 몫이 되었다.**

대화 부족은 조언자가 필요한 신규 교사를 더 힘들게 한다. 많은 신규 교사들은 전문적인 능력은 뛰어나지만 인간으로서 학생에 대해 고민할 시간이 없었다. 이것은 요즘처럼 변화가 심한 아이들을 이해하는 데 어려움을 예고한다.

교사 간의 관계가 소원해진 것은 교사들의 개인적인 성향에도 영향을 받고 있다. 학교는 직장이기 때문에 최소한으로 자신을 공개하고 친분이 있는 단체에서 자신을 개방하고 활동하는 경향이 강해졌다. 이것은 인간을 대상으로 교육하는 학교에서 소통 단절로 이어지고 있다. 연수의 형태도 온라인으로 바뀌는 추세여서 교사들끼리 만나는 장이 점점 더 줄어들고 있다.

힘든 일이 있을 때는 동료 교사에게 하소연하거나 고민을 이야기하는 것이 좋다. 다음 사례에서는 한 달 동안 수업을 방해하던 아이에게 소리를 지르고 난 후의 불편한 마음을 표현하고 있다.

"금방 수업 시간에 한 아이에게 소리를 지르면서 나가라고 했어요."

"잘했어요. 선생님이 그랬으면 이유가 있겠죠. 그래서 속은 시원해요?"

"아뇨. 처음엔 시원한 거 같더니, 마음이 안 편해요."

"어떤 부분이 제일 불편해요?"

"반 아이들이 크게 화를 내서 절 싫어할 거예요. 참았어야 했는데."

"그게 걱정이 되는가 보네요. 좋은 소리를 했으면 좋겠지만 뭐, 그 순간 화가 나서 나가~ 라고 말할 수 있을 거 같아요. 그 상황 이면 저도 그랬을 거 같아요."

"그쵸? 순간 진짜 화가 났어요. 어떻게 처음부터 계속 떠들어 요. 다른 친구들은 공부해야 하는데 자기는 하기 싫다고 계속 방해하고."

동료 교사가 난감한 상황에 처했거나 고민을 이야기하면 무 조건 공감해 주고, 도저히 할 말이 없거나 어떤 말을 해 줄지 모 르겠으면 차라리 가만히 있는 것이 낫다. **동료 교사가 학부모나 학 생, 관리자와 겪는 갈등은 언젠가는 내 문제가 될 수 있다.** 그 교사가 최 악이 아니라면 묵묵히 그 선생님 편을 들어주면서 비판하지 말고 위로와 지지를 해야 한다. 선생님들은 자신에 대한 통찰이 뛰어 난 사람들이므로 마음이 풀리고 나면 자신의 문제를 알게 된다. 섣부른 판단과 충고로 직업병을 발휘하는 것은 나쁘다.

상대방에게 무조건 내 편을 들고 맞장구를 쳐 주라는 주문을 하고 나서 이야기를 시작하는 것도 좋다. 내가 교사로서 느끼는 고민은 다른 교사들도 일반적으로 하고 있는 것들이다. 본인만 그런 고민을 하는 이상한 사람이 아니다.

초등은 담임 중심이라 자기 학급에 대한 전담 교사들의 부정적인 피드백이 많지 않지만, 아이들은 전담 교사가 담임이 아니라는 이유로 무시하거나 함부로 하는 경향이 있다. 중등은 교과 중심이라 교과 교사와 학생 간의 갈등으로 담임이 힘든 경우가 많다. 학급 아이들과 특정 교과 교사가 잘 맞지 않을 때, 담임은 담당 교사로부터 불평불만을 듣게 된다. 이것은 아이들에 대한 야단으로 이어지고 다시 아이들의 기분을 상하게 하여 교과 담임과의 관계를 더 나빠지게 만든다.

교과 선생님이 부정적인 말을 하면 우리 반이 부족하다는 말을 하면서 위로해 주고, 나쁜 이야기를 들어도 웬만하면 학급 아이들에게 감정을 담아 퍼붓지 않는 것이 좋다. "그 선생님이 이런 점은 좋은데 이런 점은 고치면 좋겠다고 말하더라"는 식으로 이야기를 하는 것이 효과적이다. 도저히 안 되면 구체적으로 원인이 무엇인지 파악해 보고 아이들의 문제면 함께 고쳐보자며 아이들을 설득하는 것이 좋다. 만약 말을 한 그 선생님의 문제면 담임이 해 줄 수 있는 일이 별로 없다. 조언을 받아들이는 선생님이면 솔직하게 말하고, 그렇지 않으면 아무 말도 하지 않는 것이 낫다.

반대로 교과 담당이나 전담 선생님 입장에서는 오죽했으면 담임에게 하소연했겠냐만은, 되도록 부정적인 피드백은 하지 않는 것이 좋다. 본인이 해결하는 게 좋지만 꼭 말을 해야겠으면 차라리 칭찬을 하고 조금 보완해 달라는 식으로 부탁을 하는 것이 효과적이다.

최악의 상황은 교과 담당 교사나 전담 교사가 직접 학부모에게 연락하여 당신 아이가 어쩌고저쩌고 하면서 말하는 것이다. 그렇게 하지 마시길. 학부모들은 담임을 더 신뢰하기 때문에 교과 교사에게 연락을 받으면 어처구니 없어 하고 더 발끈한다. 이럴 때는 담임에게 협조를 구하는 것이 좋다.

교사들이 받는 많은 스트레스는 관리자로 인해서도 일어난다. 관리자인 교장과 교감도 평교사 시절이 있었겠지만 기억하지 못할 수 있다. 사소한 맞춤법에 목숨 걸면서 공문을 몇 번이나 고치게 하는 관리자를 만나면 욕이 목구멍까지 차오른다. 무슨 나라를 팔아먹을 만큼 중요한 것도 아닌데 글자 하나에 목숨을 거니까 미칠 지경이다.

온갖 일을 벌이면서도 뭔가 책임질 상황만 되면 빠지는 관리자도 있다. 이런 관리자는 자신이 필요하거나 실적을 위해 순응적으로 학교 일을 하는 교사에게 믿음을 보낸다. 일을 맡은 교사는 인정을 받는 느낌이 들어 기분이 좋아져서 더 열심히 한다. 거절을 하지 않으면 일의 양은 점점 더 많아지는데 그래도 열심히 한다. 그런데 나쁜 일이 생기거나 책임져야 할 상황이 되면 교사를 보호해주기는커녕 덮어씌우거나 모른 척 한다. 부모가 항의를 하거나 민원을 제기하면 교사 이야기는 듣지 않는 관리자도 있다. 자초지종을 듣고 상황을 파악하면 분명 교사의 잘못이 아닌데도 무턱대고 민원의 소지를 제공했다는 것만으로 능력 운운하면서 목소리를 높인다. 꼭 이런 관리자가 학급에 문제가 있는 학생이나 학부모에 대해 의논하고 도움을 요청하면 그건 담임이나 부장이 알아서 할 일이라면서 모른 척한다.

그리고 무슨 일을 해도 교사나 학생에게 칭찬 한마디 안 하는 관리자가 있다. 칭찬은 고사하고 지적이라도 안했으면 좋겠는데 보이는 것마다 잔소리다. 뭐가 그렇게 마음에 안 드는지 모르겠지만 사사건건 트집이니까 마주치기조차 겁난다. 거리를 유지하는 것이 최선이다. 이런 관리자는 교사들이 칭찬에 익숙한 착하고 모범적인 아이였다는 사실을 모르나 보다.

대부분의 교사들은 학교에서 괜찮은, 마음이 통하는 관리자를 만나기는 어렵다고 한다. 가장 큰 원인은 관리자에게 교사나 학교를 경영할 마인드와 열린 사고가 부족하기 때문이다. 그들은 이전에 학생을 가르치던 방식 그대로 교사를 대하고 있다. 그래서 교사들을 믿지 못하고 사사건건 잔소리하고 지적하는 것이다.

괜찮은 관리자가 보이지 않는 이유가 우리가 바라는 관리자상이 지나치게 이상적이기 때문일 수도 있다. 우리는 관리자가 문제가 있을 때는 지적하지만 동시에 교사들과 소통하는 따뜻한 카리스마를 보이기를 기대한다. 학부모보다는 교사 편을 들고 아이들의 어려움을 이해하기를 바란다. 요즘 책에서 자주 등장하는 훌륭한 CEO이기를 꿈꾼다. 이런 우리의 욕심 때문에 괜찮은 관리자를 만났는데도 만족하지 못하고 불평불만을 터뜨리기도 한다. **욕심과 기대를 줄이는 것이 우리가 행복해지는 길이다.** 조금만 마음을 비우면 꽤 괜찮은 관리자를 만날 수 있다.

아울러 교사들이 관리자라는 계급만으로 거리감을 두거나 소통 자체를 거부하는 것은 문제가 있다. 우리와 다른 사람, 재수 없는 사람, 상종하기 싫은 사람으로 단정지어버리면 학교는 더 살 맛 나지 않는 곳이 된다. 누군가의 노력으로 학교 문화를 바꿔야 한다면 그건 우리들이어야 한다. 둘러보면 관리자들 중에는 교사와 소통하고 싶은 분들이 의외로 많다. 교사들이 자신에게 거리를 두거나 딴 세상 사람으로 취급하는 것에 대해 서운해 하기도 한다. 용기를 내어 대화를 시도해 보시길.

학교 현장에서는 관리자가 되기 위한 스펙과 점수를 관리하는 선생님이 많아지고 있다. 그렇게 마음을 먹었다면 선생님이나 학부모, 학생들로부터 존경받는 관리자가 되는 준비를 하기 바란다. 자기 점수를 위해서 학생과 동료 교사를 이용한다거나 학생을 뒷전으로 두는 그런 모습 말고. 점수 있는 일에는 목숨을 걸지만 힘든 일은 동료 교사에게 미루는 것도 나쁘다. 자신보다 높은 관리자에게만 충성하는 것도 썩 아름답지 않다. 왜 그토록 많은 학교의 교장, 교감이 좋은 소리를 듣지 못하는지 생각해 보고 그들을 반면교사로 삼기 바란다. "나는 그런 관리자가 되지 않을 것"이라는 말만으로는 좋은 리더가 될 수 없다. 리더는 주어지는 것이 아니고 만들어지는 것이기 때문이다. 승진을 하려는 이유와 관리자를 대하는 자신의 자세를 성찰해보시길.

교사의 스트레스 중 하나는 교사인 학부모에게 받는다. 같은 교사이기 때문에 이해를 더 잘 하고 지지해주는 학부모도 많지만 너무 잘 알기 때문에 무례하거나 요구를 많이 하기도 한다. 같은 학교에 다니는 아이의 부모가 동료 교사일 경우엔 더 골치 아프다. 출퇴근 시간이나 업무량 등 학교 조직에 대해 잘 알기 때문에 수시로 학교를 찾아와서 감놔라 배놔라 하는 학부모 교사도 있다. 그러면서 사사건건 간섭하거나 아이의 일거수일투족을 알고자 많은 질문을 한다. 당하는 교사는 말을 하지도 못하고 거절할 수도 없는 어정쩡한 상황이 된다. 아이의 실제 모습에 대해 부정적인 평가를 해도 수용하지 않거나 그것 자체를 못마땅해 하는 경우도 있다. 무슨 상전이 따로 없다. 그런가 하면 교사이면서 자신의 아이에게 무관심한 학부모도 있다. 준비물이나 기본적인 과제를 챙겨주고 관심을 가져야 하는데 대수롭지 않게 여긴다. 같은 교사라서 이해받을 것이라고 잠정적으로 생각하는 것처럼 행동한다. 교사인 학부모가 이러면 더 기분 나쁘다. 알 만한 사람이 더 그런다고 생각하니까 더 미운 것이다.

초중등 교사의 차이도 보이는데, 초등 학부모 교사는 자식이 중학교에 다니는 아이라도 초등 아이를 대하는 것처럼 독립시키지 못하고 하나하나 간섭하거나 챙긴다. 이를 본 중등교사들은 답답해한다. 가만 두면 아이가 알아서 잘할 건데 어린애 취급을 하는 모습을 이해할 수 없는 것이다. 반면 중등 학부모 교사는 아이가 초등학교에 다님에도 불구하고 중등 아이에게 무심한 것처럼 자신의 아이도 알아서 할 거라고 생각한다. 이런 모습은 초등교사들의 눈에는 아이에게 무관심하고 성의가 없는 것으로 보인다.

많은 교사들은 또한 맞벌이로 인한 자녀 양육이나 돌봄 문제로 힘들어 한다. 어린이 집에 맡기면 원하는 것을 요구할 수 있는 장점은 있지만 시간에 쫓겨서 늘 종종 걸음을 치면서 집과 학교를 왔다 갔다 해야 하는 어려움이 있다. 시부모나 친정 부모에게 맡기면 안심이 될지는 모르지만 교육 방법의 차이에서 오는 사소한 언쟁이나 부모이기 때문에 말 못할 고민이 생긴다. 퇴근 후 아이 양육에 대해서는 남편(혹은 아내)과 끊임없이 싸우기도 한다. 학교에서는 아이들 보살피느라, 집에서는 내 아이 키우느라 고생이 이래저래 고생이 많다.

부모인 교사가 받는 스트레스는 학급 아이들이나 학생을 위해서는 웃으면서 정작 자기 집의 아이들에게는 이유 없이 화를 내거나 분풀이를 하면서 일어난다. 교사이면서 부모인 선생님들의 갈등은 여기에 있다. 학교에서 받은 스트레스를 집 아이들에게 괜한 트집을 잡으면서 풀 때는 교직 자체에 회의를 느끼기도 한다. "내가 남의 집 아이 키운다고 내 아이는 잡다니! 이게 무슨 꼴인가?" 하는 후회로 괴로워하게 되는 것이다. 학교에서 공적인 관계인 학생들에게는 화를 내거나 감정을 드러내면 안 된다는 생각을 하는 교사들이 이 스트레스를 더 많이 받는다. 풀리지 않고 쌓인 화는 풀어야 하니까 내 아이에게 갈 수밖에.

그러지 마시길. 학교에서 화가 나면 그 아이들에게 풀고, 학교에서 꾹 참고 견디다 못해 엉뚱한 내 아이에게 퍼붓고 후회하는 생활을 하면 선생님이 너무 힘들어진다. 당하는 내 아이는 또 무슨 죄인가?

　달리 생각하면 교사생활이 꼭 내 아이에게 나쁜 것만은 아니다. 학급 아이들의 말과 행동을 보고 내 아이를 보다 잘 이해하고, 문제행동을 하는 아이를 보면서 감사함을 느끼기도 한다. 학부모를 만나면서 자신을 반성하거나 좀 더 노력하는 부모가 되고자 한다. 반대 역시 마찬가지다. 내 아이를 낳고 기르면서 학부모가 자녀를 얼마나 소중하게 생각하는지 이해하게 되어 학급 아이들을 더 소중하고 귀하게 여기게 된다. 아이의 부모인 동시에 다른 아이들의 교사인 것이 몸은 힘들지만 좋은 점도 있음을 기억하시길.

　마지막으로 교사들이 스트레스를 받는 이유는 자기 자신 때문이다. 가장 많은 것은 '내 탓'에 관한 것이다. 학급 아이들의 문제행동이 심해지거나 자신의 노력에도 효과가 없다고 생각하면 자신이 무능력하기 때문에, 자신이 학생과 학부모를 다루지 못하기 때문이라고 단정 짓고 자책한다. 한 술 더 떠서 다른 선생님이라면 이런 문제가 생기지도 않았을 거라며 한숨짓는다.

　교사인 우리가 착각하는 것 중의 하나는 학생과 학부모가 우리의 영향을 아주 많이 받는다고 여기는 것이다. 물론 영향은 받지만 우리가 상상하는 것만큼 엄청나게 받지는 않는다. 그러니 조금은 가벼워져도 괜찮다.

이와 관련지어 교사를 힘들게 하는 죄책감이 있다. 자신이 해주지 못한 것에 대한 죄책감뿐만 아니라 교사로서의 당위나 책임감, 인간으로서 느끼는 자연스러운 감정 사이의 갈등도 교사를 힘들게 한다.

"우리 반에 특수교육 대상자 아이가 있어요. 도우미가 필요한 정도의 아이인데 처음에는 어떻게 해야 할지를 몰라 무조건 잘 해주었던 것 같아요. 그러다가 지치더라구요. 그 아이가 교실에서 소리를 지르면 다른 아이들도 수업을 안 하고 따라하면서 한계가 왔어요. 엄마는 무조건 아이만 옹호하니까 그 아이가 미워지는 거예요. 짜증도 나고, 통합학급이 무슨 의미가 있을까 하는 회의도 생기고…."

이 선생님이 느끼는 감정은 지극히 자연스러운 감정이다. 특수교사가 아니라 전문성이 낮은 담임의 입장에서는 얼마나 힘들고 괴로울까 이해가 된다. 그렇지만 힘든 순간에도 대부분의 교사들은 지쳐있는 자신을 다독거리기보다는 죄책감으로 더 힘들어한다.

"그 순간 안쓰럽고 돌봄이 필요한 아이를 수용하지 못하고 미워하는 마음 때문에 죄책감이 생기는 거예요. '교사인 내가 저 아이를 품어줘야지', '내가 좀 더 너그럽게 참아야지…' 하는 마음이 올라오면서 더 불편해지는 거예요. 그러니까 어디 하소연을 할 수도 없는 거예요. 좁은 제 마음이 들킬까 봐서요."

어쩌면 교사들은 모든 상황마다 교사라는 위치와 인간으로서의 감정 사이에서 갈등을 하고 있는지도 모른다. 갈등과 고민 또한 교사로서 성장하는 과정임을 받아들이고, 죄책감을 덜 느끼는 교사이기를 빈다.

그리고 모든 것을 자신이 해야 마음이 편한 교사들이 있다. 행동 하나하나를 체크하는 것은 기본이고 문제가 발생해도 혼자서 해결하고 고민이 생겨도 혼자 고민하는 등 학급의 모든 일을 자신이 떠안으려고 한다. 과거의 아이들은 교실에서 교사 손 안에 들어왔고 대부분은 혼자 해결할 수 있었다. 요즘 아이들은 산만해지고 정신적으로 피폐해지면서 다양한 손길을 필요로 한다. 이럴 때에는 혼자 붙잡고 고민하지 말고 동료 교사나 전문가의 도움을 받는 것이 좋다. 그것은 결코 무능력이 원인이 아니며 자존심 상하는 일도 아니다.

비슷한 맥락에서 우리 반이 최고여야 한다는 부담감을 가진 선생님은 수업 태도면 태도, 행사면 행사 등등 자신이 이끄는 반이 제일 잘해야 한다는 생각을 한다. 스스로 얼마나 힘들겠는가! 잘 되면 다행이지만 잘 되지 않으면 자신의 능력을 탓하면서 우울해하고 결과적으로 학교생활을 버거워하게 된다. 그러나 최고가 아니면 뭐 어떤가?

교사들은 '착한 아이 콤플렉스'를 가지고 있다. 모든 아이들에게 공평하게 잘하는 좋은 선생님이어야 하고, 학부모들에게 오해를 받아서도 안 되며, 동료 교사에게도 나쁜 소리를 듣지 않는 좋은 교사가 되기 위해 죽어라 최선을 다한다. 자신의 희생 따위는 안중에 두지 않는다. 그렇게 몇 년간은 버틸 수 있을지 모르겠지만, 반복되면 스스로 지쳐서 교사란 사실도 학생도 모두 꼴 보기 싫어진다. 학교 자체가 싫어지게 된다.

굳이 착하게 살 이유가 있는가? 모든 학생과 동료 교사에게 긍정적인 피드백을 듣는 것은 불가능하다. 그럴 필요도 없다. 그러니 **나를 위한 삶이 교사가 선택할 수 있는 최선일지도 모른다.**

학교에서 지치고 힘들 때

잠시 침묵의 시간을 가지십시오. 내면의
목소리를 듣는 잠깐의 휴식이 선생님에게
새로운 활력을 선물할 것입니다.
학교에서 한 발짝 떨어져서 바라보는
것도 도움이 될 것입니다. 쌓이는
스트레스를 붙잡고 자책하지 마십시오.
선생님이 편안하고 행복하시길….

03
선생님이 행복한 교실

우리는 다양한 이유로 교사가 되어 교실에서 아이들을 만나고 있다. 어릴 때부터 교사의 꿈을 실현하기 위해 많은 준비를 한 선생님과 경제적인 이유로, 혹은 부모의 강요에 의해 어쩔 수 없이 선생님이 된 사람도 있다. 괜찮은, 존경할 만한 담임을 만나면서 그 분을 닮고 싶은 마음으로 선생님이 되거나, 절대 저런 선생님은 닮지 말아야지 하는 마음으로 교사가 되기도 한다. 공부를 잘해서, 혹은 생각보다 성적이 나쁘게 나와서 교사의 길을 선택하고, 교사가 되고 싶은 열망을 포기하지 않고 직장을 다니다가 꿈을 이룬 선생님도 있다. 물론 단지 안정적이고 선호하는 직업이라는 이유로 선생님이 되기도 한다.

이처럼 우리가 교실에 서게 된 이유는 개인의 심리사에 따라

제각각이지만 이것은 선생님의 학교생활 행복도에 영향을 미친다. 공부를 잘해서 교사가 된 선생님은 아이들에 대한 이해심이 부족하여 마음고생을 할 수 있다. 경제적인 어려움 때문에 교사가 된 선생님은 힘든 아이들을 잘 포용하고 수용하지만 넉넉하고 부유한 아이들에게 관대하지 않을 수 있다. 별다른 어려움 없이 자란 교사는 여유롭게 아이들을 바라볼 수 있지만 힘든 환경의 아이들이 이해되지 않아서 난감할 수 있다. 그렇지만 이것은 학교 경험이 많아지면서 바뀌기도 한다. 어릴 때부터 간절하게 원한 교사라고 할지라도 감당하기 힘든 아이들을 보면서 실망할 수 있고 어쩔 수 없이 교사가 되었지만 생각했던 것과 달리 아이들이 사랑스러워서 천직이라고 생각할 수도 있다. **지금도 자신이 원하지 않은 교사를 선택한 것에 대해 후회와 미련이 남아있다면 진정으로 자신이 원하는 것을 새롭게 도전하는 것도 나쁘지 않다고 생각한다.**

최근 들어 선생님들이 행복하지 않은 이유는 교사를 바라보는 사회의 부정적인 시각이나 비상식적인 요구를 하는 학부모, 장기적인 안목이 아닌 단기적인 결과를 요구하는 교육 조직의 문제 등 외부 요인 때문이다. 이것은 교사들의 힘을 빼고 자신감을 잃게 하며 예민하게 만든다. 아무리 열심히 해도 돌아오는 것은 질타뿐인 현실에 교사들은 늘 마음이 불편하다. 그러나 이러한 사회적 분위기는 의식이 성숙하거나 사회적 운동의 차원에서 전환이 일어나야 하므로 많은 시간을 필요로 한다. 그렇다고 사회만 탓하고 억울함만 하소연하면서 분위기가 바뀔 때만 기다릴 수는 없다.

외부 요인 못지않게 교사를 행복하지 않게 만드는 것은 우리의 특성이나 심리적인 문제 때문이다. 이것은 스스로의 노력으로 변화시킬 수 있다. 변화를 위해 교사가 해야 할 첫 번째는 자신을 있는 그대로 존중하고 수용하는 것이다. 그러기 위해서는 먼저 자신의 성격적인 특성이 무엇인지, 어떤 장점과 단점이 있는지, 자신이 원하는 삶은 무엇인지 등 전반적인 자신의 모습에 대해 알아야 한다. 자신에게 잠재된 힘 역시 인식하고 수용해야 한다. 자신의 내적, 외적 모습을 알고 그 모습 그대로 살아갈 때 행복해질 수 있다.

자신을 수용하는 것에는 자신이 실수를 하는 사람임을 인정하는 것도 포함된다. 자신의 한계를 인정하고 지금 현재 그 모습 그대로인 자신을 받아들이는 것이 좋다. 선생님은 지금으로도 충분하다. 교사라는 틀에 매여서 자신보다는 교사라는 직업을 우위에 두기보다는 자신의 힘을 인식하고 수용하는 자기존중감과 안정감이 있는 선생님이 더 행복하다. 늘 언제나 가장 중요한 것은 선생님 자신임을 잊지 마시길.

교사가 자신을 수용하고 내면의 힘을 믿으면 학생의 행동을 이해하고 자신에 대한 존중을 바탕으로 학생들을 격려하게 된다. 그렇지만 학생의 모든 문제에 도움을 줄 수는 없다. 내가 맡은 아이를 위해 해 줄 수 있는 일이 없어서 좌절하더라도 무능력한 교사라며 자신을 탓하지는 마시길. 그보다는 자신의 바운더리를 넓히는 마음을 가지는 것이 좋다. 자신과 학생에 대한 이해의 폭을 넓히고, 아이를 무조건적으로 수용할 때, 태도가 바른 아이는 수용하고 그렇지 않은 아이는 배제하는 실수를 범하지 않게 된다. 나아가 보다 많은 학생과 학부모를 이해할 수 있고 교사 자신이 상처를 덜 받게 된다. **넓은 바운더리를 가지기 위해 교사는 학생의 변화에 유연하고 개방적이어야 한다.**

아이들은 끊임없이 변한다. 아이들은 성장이라는 불안정한 상태에 놓여있기 때문에 일탈하고 반항한다. 이때 교사는 성장을 위해 치열하게 싸우는 아이를 편안하게 받아주어야 한다. 교사의 마음이 안정되어 있을 때 학생들은 스스로의 힘으로 성장에 대한 불안과 두려움을 극복할 수 있다. 이를 위해 교사는 자신의 정서적인 불편함을 극복하고, 자신이 직면한 생활 스트레스를 줄여야 한다.

정서적으로 해결되지 않은 문제를 안고 있는 교사는 학생을 대할 때 감정에 치우칠 우려가 있다. 자신의 심리적인 문제로 괴로운 교사는 아이들의 부정적인 정서를 받아주기 어렵고 심할 경우 교사 자신의 문제를 학생에게 투사하여 비난하거나 공격한다. 이것은 교실에서 갈등으로 확산되어 교사를 괴롭히는 부메랑이 된다. 해결되지 않은 감정이 교실에서 문제를 일으킬 때가 있으면 힘들고 괴로웠던 시절로 돌아가서 스스로를 위로하시길. 그건 선생님 잘못이 아니었다.

팬찮은 교사가 되기 위해 우리가 해야 할 중요한 과제가 학생들을 1순위로 두는 것이라고 생각하지만 그보다 더 중요한 것은 교사 자신이 행복해지는 것이다. 천방지축인 아이들과 학부모의 등살에도 굴하지 않고 학교 현장을 지키는 것만으로도 대단하지 않은가?

선생님이 행복한 학교생활을 위해 필요한 두 번째는 학생의 능력을 믿고 신뢰하며, 학생들을 자신과 함께 성장하는 존재로 보는 것이다. 교실에서 아이를 성장하게 하는 것은 친구와 선생님과의 관계이다. 아이들은 친구와의 관계에서 좌절하고 성취하는 경험을 하면서 공동체 생활에 적응하는 방법을 터득한다. 안타깝게도 최근 이 과정을 거치지 않은 아이들이 따돌림이나 친구

관계 철수 등으로 관계를 맺지 못하고 있다.

그래서 지금 시대에, 아이들이 학부모나 친구에게서 경험하지 못한 진실한 관계를 교사들을 통해 경험하면 보다 건강하게 관계를 맺을 수 있다. 교사는 아이들에게 심리적으로 건강한 관계를 보여줌으로써 모델이 되어야 한다. 이러한 관계에서 바탕이 되는 것은 아이의 드러나는 행동에 초점을 두기보다는 아이 개개인을 소중하게 여기는 마음이다. 사사건건 죄인 취급하는 분위기에서 교사가 아이들을 존중하는 것은 쉽지 않다. 많은 교사들은 아이들과의 관계에서 점점 삭막해지는 자신을 탓하고 반성한다.

최근 교사에 대한 관심은 인간적인 면보다는 교과 지도나 수업 등 전문적인 능력에 맞춰져 있다. **학생의 성장을 다루는 교사의 특성을 생각할 때 인간적 자질과 성장을 등한시 하는 것은 문제가 된다.** 상담 전문가인 로저스는 상담자가 내담자와 조력 관계를 맺으면 내담자가 스스로 자신의 문제를 해결하고 성장한다고 보았다. 교육 역시 마찬가지이다. 아이들과 긍정적인 관계를 맺으면 아이 스스로 성장의 힘을 가지게 된다. 교사는 아이들 스스로 자신의 삶을 개척하고 이끌어 나갈 수 있도록 성장을 촉진하는 역할을 해야 한다. 또한 아이들이 어떻게 살아야 하는지에 대한 답을 제시하거나 통제하지 않고 기다리는 여유가 필요하다.

나아가 교사는 교실에서 무엇보다 학생과의 관계에서 깨어 있어야 한다. 자신의 마음과 말, 행동이 학생이나 학부모, 동료 교사에게 미치는 영향에 대해서도 지각해야 한다. 이것은 관계에 갈등이 일어났을 때, 그것이 나의 문제인지 학생의 문제인지, 아니면 제3자인 학부모의 문제인지 파악하는 근거가 된다. 결과적으로 이러한 태도는 갈등 해결에 도움을 준다. 학생과의 관계에서 자신의 모습에 깨어있어야 충고와 설교로 아이들을 질리게 하지 않고 힘든 아이의 마음을 수용하고 공감할 수 있게 된다.

인터넷의 영향이 왜곡되고 강해지면서 교사들이 자신의 교육관이나 소신을 주장하기 어려워지고 있다. 이것은 교사가 학생들을 대하는 교실이나 학교에서 위축되고 있음을 의미한다. 교사들은 자신의 주관대로 아이들의 인지 능력을 키우고, 인성 교육에 몰입할 수 있어야 한다. 그런 점에서 자신의 교육관에 자신감을 가질 수 없게 만들고 교사를 위축시키는 최근의 분위기는 안타깝고 속상하다.

학교에서 교사의 행복을 결정하는 세 번째는 동료 교사와의 관계이다. 어떤 선생님은 매일 마음에 들지 않는 사람을 뒷담화하거나 명품이나 패션에 대한 이야기로 수다를 떨면서 하루를 보낸다. 교사가 된 이유가 오로지 승진뿐인 것처럼 점수가 되는 일에만 몰두하고 아이들과 수업을 제쳐두는 선생님도 있다. 후배에게 무조건 일을 떠넘기거나 이용하고 나서는 헌신짝처럼 버리는 교사도 있고, 월급이 나오는 교직을 그만두기 아깝기 때문에 교사를 부업으로 삼는 교사도 있다. 자신이 경력이 많다는 이유로, 또는 성격상 동료 교사의 말을 전혀 듣지 않는 고집불통 교사도 있다. 모든 업무를 부원에게 떠넘기는 짜증나는 부장도 있다. 자기 학급이나 교과 수업만 잘하면 된다는 이기적인 생각을 가진 꼴보기 싫은 선생님도 있다. 이처럼 학교에서 많은 교사들은 '저 사람만은 닮지 말아야지' 하는 반면교사의 모습으로 살아간다.

그러나 또 다른 선생님들은 동료 교사의 마음을 다독거리고 어려움이 있을 때 나서서 도와준다. 열심히 하는 후배를 지지하면서도 부족한 부분은 따뜻하게 충고하며 정중하게 부탁하는 선배 교사도 있다. 후배 교사의 능력을 자극하여 성취감을 맛보고 실적이 쌓이도록 돕는 교사도 있으며 자신의 시간을 양보하여 동학년이나 동교과 일을 더 하는 교사도 있다. 오랜 세월 학생들과 함께 하면서 베테랑이 되었지만 요즘 아이들을 이해하기 위해 끊임없이 공부하고 새로운 도전을 하는 교사도 있다. 일방적으로 일을 시키거나 지시하기보다는 상대방의 의사를 묻고 협의하는 과정을 거치는 부장교사도 있다. 동료 교사와 좋은 관계를 유지하고 분위기를 긍정적으로 바꾸는 즐거운 교사도 있다. 이처럼 많은 교사들은 학교에서 일과 인간관계 면에서 존경받는 멘토 선생님이 되고 있다.

이제 선생님은 학교에서 어떤 모습으로 살아가고 있는지 살펴보시길.
미움 받고 닮고 싶지 않은 1순위인 반면교사의 모습인지, 동료 교사의 지지와 존경을 받는 멘토의 모습인지. 아니면 자신이 어떤 모습으로 살아가는지 조차 관심이 없는 교사인지. 우리는 동료 교사와의 관계를 통해 서로 성장한다. 저경력 교사는 선배로부터 따뜻한 충고와 갈등 없이 학생을 다루는 노하우, 학부모를 매끄럽게 상담하는 방법, 학생과의 문제 상황에서 현명하게 대처하는 법을 배운다. 대신 컴퓨터 활용 능력이나 파워포인트 작성 등에 관한 기술과 활력으로 보답한다.

문제는 저경력 교사가 선배의 모습을 배우지 않으려는 데 있다. 반면교사뿐만 아니라 모든 선배 교사에게서 배울 것이 없다고 생각하는 신규 교사가 다른 교사들로부터 인정을 받을 수 있을 리 없다. 학교 조직을 생각하지 않고 자신의 이익만 생각하는 선생님도 있다. 그들은 연가나 병가가 자신의 권리라며 자주 결석을 하여 다른 선생님에게 피해를 준다거나 학교 운영이나 교사 수급은 전혀 고려하지 않은 채 휴직 날짜를 자기중심으로 조정하기도 한다. 법적으로 문제는 없을지 모르지만 학교 운영이나 동료 교사의 입장을 생각한다면 이기적인 모습이다.

경력이 많은 교사의 문제는 사사건건 간섭하고 가르치거나 젊은 교사에게 일을 미루는 태도에 있다. 경력이 쌓이면서 인간으로써 그리고 교사로서 성숙한 선생님은 말을 하지 않아도 학교에서 보이는 모습만으로도 후배 교사의 멘토가 되어야 한다. 늘 그 자리에 답보된 상태로 머물러 성장하지 않으면 동료 교사들에게 줄 것이 없게 된다. 고경력 교사는 마음의 안정이든, 학생이나 학부모를 다루는 노하우든, 친목 도모를 위한 회식 자리든 그것이 무엇이든 후배들에게 줄 게 많아야 한다. 자신은 경력이 많으니까 당연히 배려 받아야 하고 대접해주기만을 바라는 선배 교사는 얄밉고 싫다.

관리자와의 관계에서는 경력에 따라 차이가 있어야 한다. 신규 교사 때부터 관리자의 보수적인 생각을 그대로 따르는 것은 젊은 교사로서 활력이 떨어진다고 본다. 젊었을 때 학교 현장의 고리타분한 스타일에 반기를 드는 것은 당연한 일이다. 조금씩 때로는 가열차게 부장이나 관리자와 부딪치면서 학교 조직의 생리를 터득하고 갈등을 해결하는 법을 배우게 된다. 많은 선배들이 그랬던 것처럼. 반대로 경력이 많은 교사가 사사건건 공식적인 자리에서 관리자(누가 봐도 이상한 관리자는 예외로 하고)와 부딪치는 것은 좋은 모습이 아니다. 경력이 많고 나이가 많아진다는 것은 면 대 면으로 관리자와 협상을 할 수 있는 능력이 향상됨을 의미한다. 관리자와의 협의와 대화로 해결할 일을 대중 앞에서 계속 문제 삼는 것은 그다지 좋게 비쳐지지 않는다. 젊은 선생님은 열정과 자신감을, 나이든 선생님은 현명함과 배려심을 가지고 서로 소통하는 학교가 되었으면 좋겠다.

학교에서 어떤 모습의 교사로 살아가든 자신이 행복한 길을 선택했으면 좋겠다. 교사가 행복해야 편안하고 여유로운 마음으로 아이들을 만나고 가르칠 수 있다. 사회적으로 학교와 관련하여 문제가 생기면 무조건 교사 탓을 하는 분위기에서 우리는 상처받고 더 위축된다. 왜 모든 것이 우리 잘못으로 귀결되는지 이해할 수 없고 짜증나지만 그 부정적인 흐름을 바꾸기엔 역부족이다. **그렇지만 우리 자신의 모습은 바꿀 수 있다.** 자신의 완벽주의 경향과 잘해야 된다는 부담감을 내려놓음으로써 조금 더 여유로워질 수 있고, 학생들의 문제행동에 거리를 유지하면서 조금은 편안해질 수 있으며, 동료 교사와 좋은 관계를 맺으면서 학교생활을 즐겁게 할 수 있다. 지금 학교생활이 행복하지 않다면 자신이 학교에서 조금이라도 행복해 질 수 있는 방법을 찾으시길.

학생을 좀 더 잘 가르치고 많이 돕기 위해

오늘도 최선을 다하는 선생님께 경의를 표합니다. 말이 통하지 않지만 안타까운 마음에 끊임없이 학부모와 대화를 시도하는 선생님의 열정을 응원합니다. 존재만으로도 동료 교사들의 멘토가 되고 있는 선생님들께 존경의 마음을 보냅니다. 학생과 교사의 성장을 지원하는 멋진 관리자들께도 감사의 인사를 드립니다. 치열하게 교사가 갈 길을 고민하고 자신의 모습을 반성하고 성찰하는 모든 선생님들이 편안하고 행복하기를 기원합니다.

참고문헌

권석만, 《우울증》(2000), 학지사

권석만, 《현대이상심리학》(2003), 학지사

김정규, 《게슈탈트 심리치료》(2006), 학지사.

라라 호노스 웹, 《ADHD 아동의 재능》(2007), 양돈규 · 변명숙 옮김,
    시그마프레스

리 캐롤 · 얀 토버, 《인디고 아이들》(2003), 유은영 옮김, 샨티

민병배 · 이한주, 《강박성 성격장애》(2000), 학지사

신현균 · 김진숙, 《주의력결핍 및 과잉행동장애》(2000), 학지사

에릭 J. 매시 외, 《아동정신병리》(2001), 시그마프레스.

유제민 · 김정휘, 《아동과 청소년의 발달정신병리학》(2004), 시그마프레스

이주영, 《어린이심리학》(2010), 지식프레임

이주영, 「상담전공교사의 마음챙김 명상 체험 연구」(2012),
    서울불교대학원대학교 박사학위 논문

자넷 펜리 외, 《성격유형과 자녀 양육태도》(1998), 심혜숙 · 곽미자 옮김,
    한국심리검사연구소

제럴드 코리, 《심리상담과 치료의 이론과 실제》(2004), 조현춘 외 옮김,
    시그마프레스

클래리죠, 《현대교육심리학의 과제》(1997), 전윤식 외 옮김, 삼영사

한국청소년상담원, 《청소년의 우울》(1999), 한국청소년상담원

W. 휴 미실다인, 《몸에 밴 어린 시절》(2006), 이석규 · 이종범 옮김, 가톨릭
    출판사

선생님도 모르는
선생님 마음
마음 아픈 선생님을 위한 공감 치유 에세이

2013년 2월 28일 초판 1쇄 발행
2018년 12월 10일 초판 3쇄 발행

지은이 이주영
펴낸이 이형세
펴낸곳 테크빌교육(주)
즐거운학교 www.njoyschool.net / 티처빌 www.teacherville.co.kr
주소 서울시 강남구 언주로 551, 5층
전화 02-3442-7783(333)
팩스 02-3453-7793
ISBN 978-89-93879-44-5 03180
정가 11,000원